BEAMS AT HOME
理想之家

[日] BEAMS —— 著
郑晓蕾 —— 译

新星出版社
NEW STAR PRESS

INDEX

INTRODUCTION

002　山口 真吾　山口 佳世
010　鹫尾 龙志
018　中泽 庸祐
026　杉浦 明志
034　山口 智子
042　日野 达雄
050　马场 万里哉
058　丸山 珠花
064　相田 高史　相田 祥子
070　长谷部 慎之介　长谷部 幸子
076　设乐 基夫
084　猿渡 裕子
092　白川 刚
100　今村 刚

108　加藤 贵志　加藤 阳子
114　加藤 忠幸
122　南村 麻美
130　藤木 洋介
138　梶谷 健太
144　朱 薇珊 (音译)
152　根方 基行　根方 芳美
158　田边 健一
164　古贺 云子
172　土井地 博
180　和田 健二郎
188　大关 章宽
196　铃木 修司
204　矢野 恭子
212　佐藤 尊彦
220　桥本 直久

228 青野 贤一	350 村上 逸男
236 青木 则子	358 高岛 大辅
244 石井 克惠	366 户田 慎　户田 衣麻
252 桥本 仁美	374 安本 悟
258 远藤 秀幸	382 小西 博晃
266 村口 良	390 长友 美惠子
274 荒濑 和雄	396 伊豆原 博志　伊豆原 千春
282 安武 俊宏　安武 惠理子	404 斋藤 正志
290 特里·埃利斯　北村 惠子	412 相良 祐基
298 菅野 明	418 田村 笃史
306 林 威利（音译）	424 君岛 聪子
314 浅见 武志　浅见 朋美	430 设乐 洋
320 长谷川 和孝	440 BEAMS BY THE GREEN
328 石桥 一兴	
336 泷之崎 志帆	447 MY FAVORITE THINGS
344 横沟 贤史　横沟 由美	

INTRODUCTION

　　1976 年，BEAMS 诞生于原宿，作为买手店的先驱，它引领了时代。最初它只是一家挂着"美式生活商店"招牌的 20 多平方米的小店，从 T 恤到捕鼠器全部有售。即便"拥有大量物品即幸福"的时代已经过去，在仅凭搜索就能获得无限信息的今天，BEAMS 也从未改变"为生活方式提案"的理念，自始至终坚信物品具备的力量。被心爱之物所环绕能获得一种简单的喜悦。孩童时期收到的玩具小车礼物、民间手工艺品、喜欢的时装……在物品背后，有创造者，有使用这些物品的生活。这些挚爱之物连带它们各自的历史，无论何时都能在我们身旁，给我们力量。将不同背景的物品混搭组合，比如，北欧家具搭配非洲工艺品和美国工业制品灯罩，从这种选品技巧中诞生的独特节奏和适度的噪声（有时无意间融入了家人的物品，有时大胆搭配了有跳脱感的单品），造就了本书中登场的每个家共有的舒适感。从 BEAMS 130 名员工的生活和服饰中，可以看到这种完美的与物品交流的方式。

LOVE THE LIFE YOU LIVE

002

山口 真吾
山口 佳世

新品牌开发部
BEAMS 涩谷
34岁、37岁 / 东京都江东区

"**借**结婚的机会把房子装修了。"新婚的山口夫妇居住的这间公寓，由佳世从事建筑行业的父亲亲自改建。从厨房瓷砖、玄关的壁纸，到有厚度的书架隔板，处处都很讲究。其中深棕色地板搭配雪白墙壁的客厅更是令人印象深刻，对夫妻二人而言是个特别的场所。在沙发上听喜欢的音乐放松，这样的时光，才是最能增进亲子感情的幸福时光。

——生活方式中最重要的主题是什么？
放松。

——休息日喜欢如何度过？
会在附近散步，因为刚搬来没多久。附近的小店很多。

——家居内饰的主题和规则是？
跟挑选服装时一样，没有特别的风格和规则，主要看如何搭配喜欢的物品。

——最喜欢家中哪个场所？喜欢在那里做什么？
玄关的长椅、厕所壁纸、盥洗室和厨房。

——家中最珍爱的物品是？
请泥瓦匠帮忙涂装的硅藻土墙壁。

——正在收集的物品或毫不犹豫就会买下的物品是？
CD，鞋子。

——有哪些喜欢的家居品牌或商店？
在波兰一见钟情的商店SCHOOLHOUSE ELECTRIC & SUPPLY CO.。还有west elm、MINAM、壁纸专卖店WALPA、伦敦的TIMOROUS BEASTIES。

——请给不收拾房间的人一个建议吧。
和时尚一样，时代变化，喜欢的东西也会随之变化。不要囤积，学会放手。

——喜欢什么风格的服饰？
简洁款。

——喜欢用哪些时尚品牌来打造自己的风格？
BEAMS、incase。

——从何处获取关于家居和时装的灵感？比如常读的杂志和书，或者敬仰的人。
BEAMS的员工。

——今后想要的东西是？
房间能铺下的大地毯。

——简要概括，提升品位需要什么？
待在BEAMS就好。

——你的座右铭是？
要广泛涉猎。

004

1.采光充足的客厅由满铺榻榻米的和室改建而来。硅藻土白墙的手工质感给人柔和的印象,植物摆放有致,演绎舒适空间。2.厨房瓷砖其实是纽约地铁站里使用的瓷砖。将可爱的食器摆放于此,就像纽约的咖啡厅。瓷砖是父亲铺的,从中可以感受到家人的爱。3.书架上整齐摆放艺术书籍、家居书籍和杂志,这个书架正是装点客厅的好物,是拆掉原本在此处的壁橱制作而成的。书架前方是米兰室内设计师帕奇希娅·奥奇拉(Patricia Urquiola)设计的藤椅。山口说:"坐上去很舒服,经常坐在这里望着那些书籍。"他很喜欢这里。4. 山口喜欢盥洗室的AXOR Starck水龙头,盥洗室铺满马赛克样式的地砖,与购自夏威夷的圆木框镜面形成绝美对比。就像身处度假酒店。

MY PRIVATE
WARDROBE

夏威夷的古董桌上摆放着山口的私人好物。incase 品牌的 Macbook 和 iPad 保护包在工作中经常用到。iPhone 手机壳也是正在使用的。"其实我是常去俱乐部的那代人。"他边说边从随意堆放在房间里的 CD 中取出两张喜欢的,分别是 CANDY FLIP 和 THE SMITHS。Vaseline 的唇膏是在欧洲发现的,后来就离不开了。每次去旅行都会大量购买。也喜欢美国产的薄荷味牙签。LOUIS VUITTON 的票夹和有山口姓名首字母的钱夹是平时随身携带的常用物品。BÉTON CIRÉ 的帽子没有帽檐,设计独特。从随身物品也能看出山口的时尚与讲究。

010

鹫尾 龙志

新品牌开发部
38岁/埼玉县越谷市

鹫尾家的独栋住宅坐落在一处幽静的住宅区，与幼儿园相邻。白天能听到孩子们的欢笑声。通风良好的客厅和走廊，能感受四季变化的庭院，还有整洁的厨房，给人感觉这是积极向上的一家。可推开某扇门后，却发现原来还有一间屋子装满了鹫尾的"思想"。他竟然如此喜欢金属乐，房间中有架子鼓坐镇，书和漫画占据了一整面墙，这个房间与整个家的反差感真棒。

——生活方式中最重要的主题是什么？
不勉强自己，考虑如何开心过好每一天。

——休息日喜欢如何度过？
悠闲吃早餐→和家人在一起→发现哪里需要整理就去收拾。

——家居内饰的主题和规则是？
（我是个非常容易厌倦的人）所以会选择百看不厌，能长久使用的物品。

——最喜欢家中哪个场所？喜欢在那里做什么？
在客厅沙发上眺望庭院，或读书。

——家中最珍爱的物品是？
汉斯·瓦格纳（Hans J. Wegner）设计的侍从椅。

——正在收集的物品或毫不犹豫就会买下的物品是？
带口袋的T恤、鸟形设计、猪口杯、帽子、袜子。

——有哪些喜欢的家居品牌或商店？
布吉·摩根森（Børge Mogensen）、汉斯·瓦格纳。

——请给不收拾房间的人一个建议吧。
随时收拾。

——喜欢用哪些时尚品牌来打造自己的风格？
Bill Wall Leather。

——从何处获取关于家居和时装的灵感？比如常读的杂志和书，或者敬仰的人。
选择不会厌倦，能爱惜并长久使用的物品。

——今后想要的东西是？
伊姆斯（Charles & Ray Eames）设计的胡桃木凳子，桉树苗。

1.鹫尾家有三个孩子,大女儿7岁,儿子4岁,小女儿不到1岁,这天只见到其中两位。厨房一角有孩子们的手工和画作。2.汉斯·瓦格纳的侍从椅购于BEAMS,是太太赠送给鹫尾的订婚戒指的回礼。鹫尾将它摆放在卧室一隅,很爱惜。3.从二楼可以看到半开放式的厨房。收纳柜里摆满了从全国各地购买的民艺器皿和工艺品。家中的地板是使用栎木材的定制品,让人不由得想光脚踩在上面。4.客厅的置物架上摆着出差和旅行时买回的小物。用鹫尾的话说就是"把在外面买的觉得不错的东西无序摆放"。会根据季节和心情更换摆设,今天摆放的是雪花球、德国的鸟哨,还有BEAMS也有售的东北地区的木质小人偶。5.夫妻二人正在餐厅的桌旁用餐。客餐厅也处于房子正中间,从这里能看到风光明媚的庭院里令人舒适的绿色。

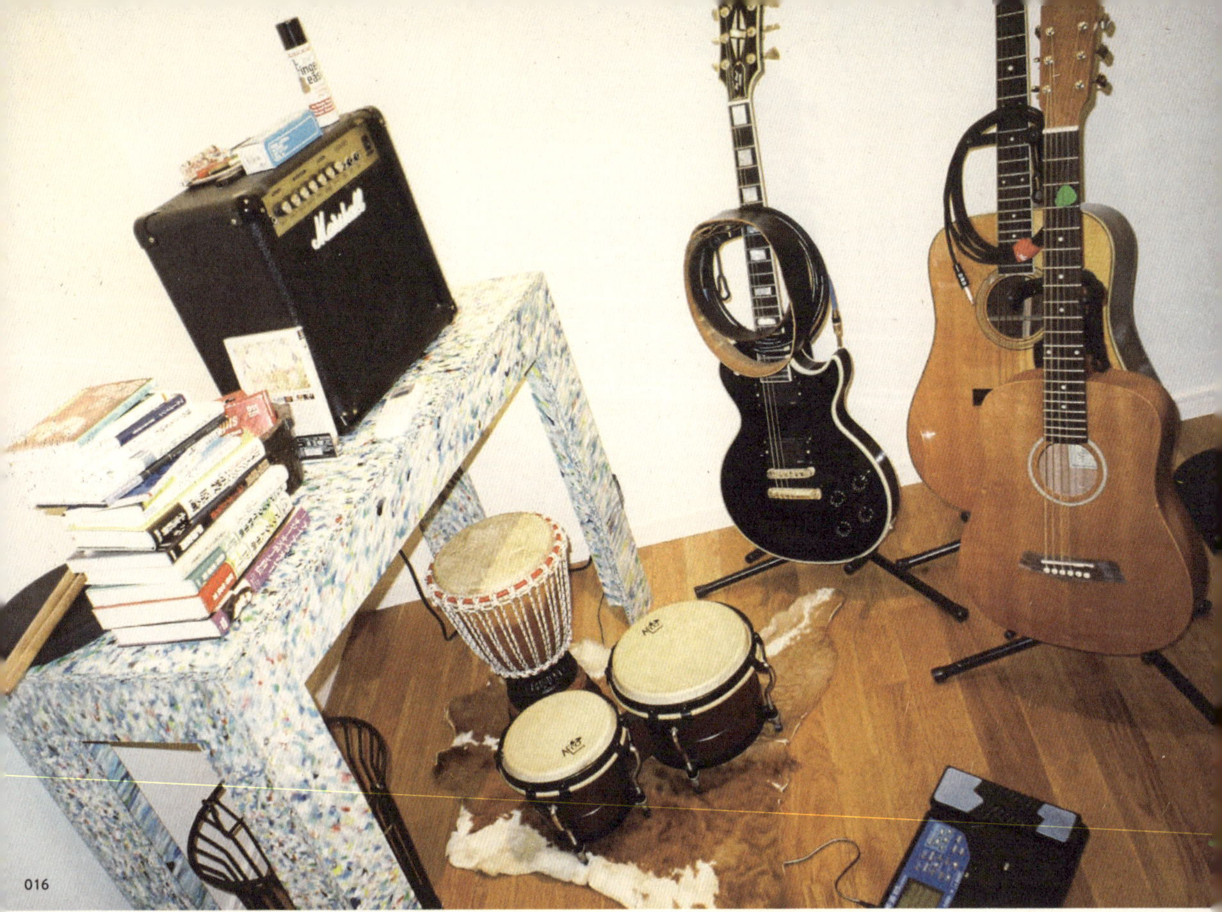

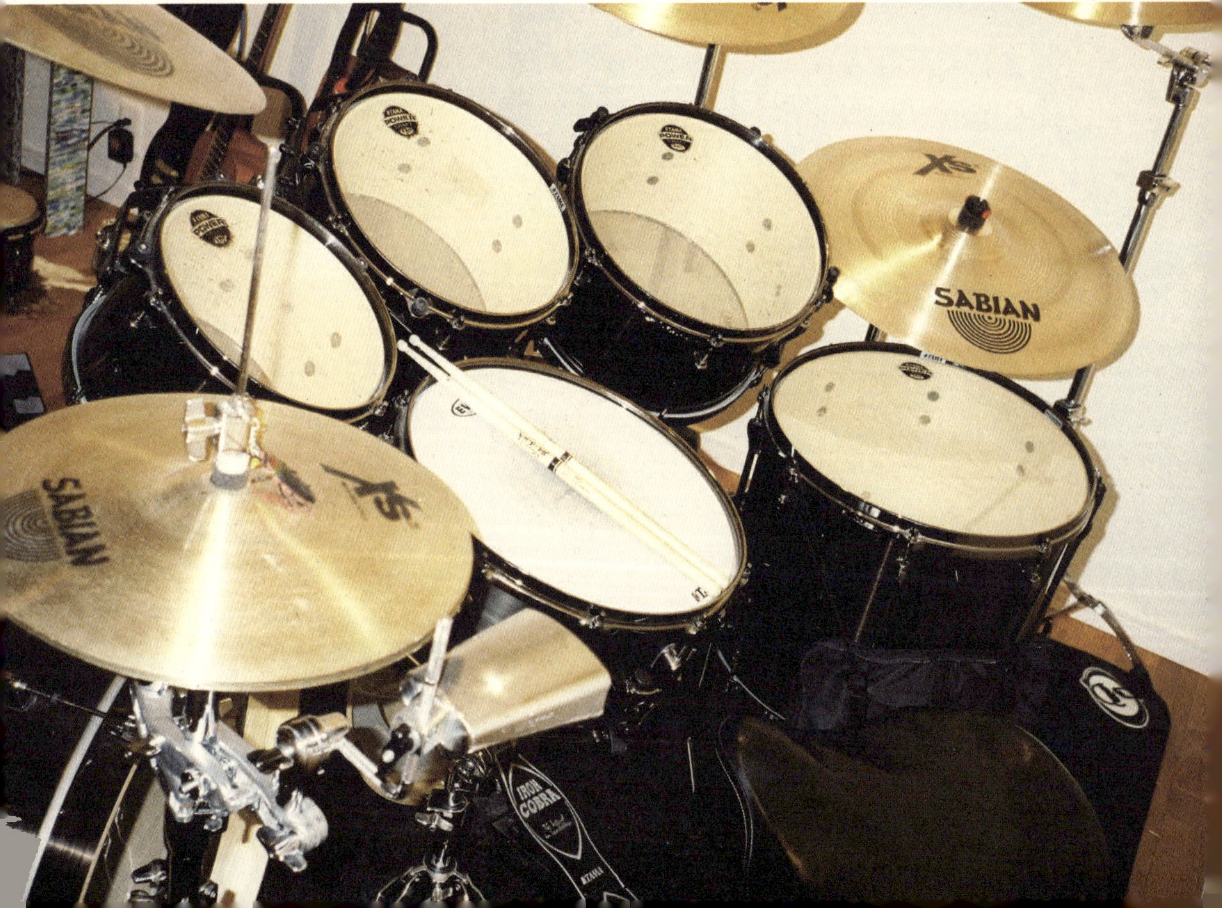
Xs
SABIAN
SABIAN
IRON COBRA

MY PRIVATE
WARDROBE

鹫尾喜欢收集，这些都是他的中意好物。左中是英国老品牌 CORGI 的袜子。他拥有袜子的实际数量是摆在这里的好几倍，都是同款，颜色图案各异。下方带口袋的 T 恤也是收藏品。鞋子很多，其中很喜欢 adidas 的运动鞋。中间摆放的是搭扣皮带、OLIVER PEOPLES 的太阳镜、Gibson 的帽子，Gibson 的 Les Paul Custom 吉他这些硬派的物品。予人强烈视觉冲击的豹纹封面外文书是家居书 *Dictators' Homes*，收录了多位近代名人的住所。

018

中泽 庸祐

BEAMS HOUSE 丸之内
33岁/东京都国分寺市

现代设计之父威廉·莫里斯（William Morris）曾说："不要将无用之物、无美感之物摆放在家中。"即便是莫里斯这般克己之人，若是踏入中泽家，料想也会对此处赞不绝口。这处住宅由建筑师谷尻诚亲自设计，主人毫不迟疑甄选出的生活用品与家居内饰相得益彰，完美融合。这处样板间似的房屋，令人感觉美好而舒适。

——生活方式中最重要的主题是什么？
在休息日重启（自己）。

——休息日喜欢如何度过？
和爱犬在狗公园待到傍晚，然后去允许宠物入内的餐厅吃完饭再回家。

——家居内饰的主题和规则是？
规则就是，无论建筑设计、北欧家具还是民艺品等，不过于强调其中任何一项，而是让它们相互协调。

——最喜欢家中哪个场所？喜欢在那里做什么？
二楼的室内阳台。

——家中最珍爱的物品是？
古董大钵，也是祖父的遗物。

——正在收集的物品或毫不犹豫就会买下的物品是？
民艺器物和植物。

——有哪些喜欢的家居品牌或商店？
当然是BEAMS。

——请给不收拾房间的人一个建议吧。
不能只想着收纳，还要下功夫考虑如何布置那些可以展示的物品。

——喜欢什么风格的服饰？
工作时选择经典款。休息时选择休闲款。

——喜欢用哪些时尚品牌来打造自己的风格？
不会特别拘泥于品牌。

——从何处获取关于家居和时装的灵感？比如常读的杂志和书，或者敬仰的人。
经常读建筑相关的杂志，作为搭配家具和植物的参考。

——今后想要的东西是？
（立式）吊床。

——简要概括，提升品位需要什么？
若是发现别人有值得参考的服饰搭配和家居内饰，就先去模仿。

——你的座右铭是？
热爱才能精通。

1. 室内由箱式房间组合而成，很有谷尻的建筑设计风格。地板的落差缓和地将空间切分，每踏出一步，视野内的景色都会发生变化，这布局真是不可思议。2. 顺着梯子上去，是一处通层的阁楼。原本并未确定各房间的用途，但顶层空间被用作存储和展示兴趣收藏，除了吉他和唱片，服装也全部收纳于此。3. 无机质感的室内有各种绿植作为点缀。窗户的数量虽然不多，但通过精密的设计，天窗和通透的玻璃走廊等可以实现全年采光。因此，摆放在空间正中央的观叶植物也长势喜人。4."提的唯一要求就是要有开放感。我的想法是将房屋内部变成室外，这个家就诞生于这个想法。"中泽说。房间以外都是室外，走廊照明使用室外的路灯，园艺工具也能自然融入进来。

023

MY PRIVATE
WARDROBE

中泽在 BEAMS HOUSE 丸之内店工作,这些考究而稳重的服饰都很有他的风格。西服和领带是使用那不勒斯传统技艺制作而成的逸品。从常读的书可以看出他的爱好,有男装时尚巨匠艾伦·弗拉瑟(Alan Flusser)的名著 Dressing the Man,日本代表性陶艺家滨田庄司的作品集,北欧现代家居书籍等。陶器是冲绳山田真万的平盘,中井窑的三色盘。除此之外,室内置物架上也摆放了很多器物。图右摆放的是科特迪瓦鲍勒族的祭祀面具 Kple Kple 以及搭配面具戴在头上的羚羊头饰,平时用作内饰。

026

杉浦 明志

fennica 采购
40岁 / 千叶县我孙子市

这是一栋静谧伫立的日式住宅。杉浦家的住宅是与朋友一起改建而成的，不想其中竟然蕴含着如此多的情感。"从选择木材开始，削平、上漆、组合——手工活儿对我来说就是游戏。"杉浦开心地看着地炉说。穿过门走进客厅，就闻到满屋的木材香气，令人心生怀念。他与民艺共同生活在这处只隅片角都充满讲究的家。

——生活方式中最重要的主题是什么？
恰到好处的田园感。离市中心不远不近的距离。

——休息日喜欢如何度过？
观鸟（散步，顺便定点观测），做木工、逛木材专营店之类。

——家居内饰的主题和规则是？
地板和房柱用多种木材制作。不摆放不符合房间氛围的物品。

——最喜欢家中哪个场所？喜欢在那里做什么？
地炉。可以用炭火烤制的菜肴下酒听音乐。虽然这种时间总是很难得……

——家中最珍爱的物品是？
也谈不上是最珍爱的物品，拜祭神龛是一家之主的任务，所以每天都会拜祭。

——正在收集的物品或毫不犹豫就会买下的物品是？
毛笔和纸。不知道买了多少。只看外观也不知道是否好用，总之先买了再说。

——有哪些喜欢的家居品牌或商店？
松本民艺家具。想定制一张长椅，正在考虑设计样式。

——请给不收拾房间的人一个建议吧。
我也想要建议呢……可以通过改变房间布局，让自己产生收拾的欲望。

——喜欢什么风格的服饰？
当数fennica的风格吧。是不拘时代和国别的混搭风。fennica的理念就是"LESS GLOBAL, MORE LOCAL"（少一些国际化，多一些本土化）。

——喜欢用哪些时尚品牌来打造自己的风格？
fennica原创！

——今后想要的东西是？
希望房间里有油画，喜欢熊谷守一，想要他油画系列作品的丝网版画。

——简要概括，提升品位需要什么？
感兴趣的物品，就一件件去尝试。

029

1.玄关前的大缸里有游来游去的青鳉鱼迎客。2.去年新装的置物架上摆放着日本各地的民艺品。厨房旁的吧台和神龛也是新近制作。杉浦说:"木头的话,来者不拒,所以做了很多新东西。"若是有想做的东西,一上手就停不下来,会沉浸其中,甚至连假日都搭上。3.每次开关门,格子推拉门都会发出好听的声响。中国传统型染花布用来遮挡日光。4.天花板很高,开放通透,让人感觉到木质的温润。杉浦会甄别杉树、榉木、樱树等木材的特性,因材制宜地用作顶棚板材、墙壁和立柱等。"每种木材的纹理不同,会形成不同的表情,很有趣。"边欣赏木纹边喝酒也别样风流。

MY PRIVATE
WARDROBE

杉浦的衣橱好物大多在 fennica 有售。右边的 orSlow 牛仔裤和大约十五年前购买的 marimekko 条纹衬衫都深得他喜爱。灰色马甲是从墨西哥瓦哈卡因挂毯而闻名的 Isaac Vasquez Family 定制而来。常磐图案的三角布袋和真丝材质的黑色唐装是 fennica 原创产品。Mühlbauer 的帽子可以折叠得很小，约翰娜·格里森（Johanna Gullichsen）的提花钱包平时会放在背包里，用于收纳小物。PENTAX 的望远镜是散步和观察野鸟时的必备物品。左边的青年布衬衫由 fennica 原创，Buzz Rickson's 出品。杉浦师从岛田皓纪学习水墨画，这是他练习时的画集，旁边是数支杉浦爱用的毛笔。"毛质不同，下笔的感觉也完全不同"，杉浦拥有数量众多的毛笔，这些毛笔使用了马毛、猪毛、獾毛和獴毛等材质，根据原产国区分。

034
山口 智子

BEAMS 吉祥寺
东京都目黒区

循着地址，我们来到一栋离车站步行有些距离的老楼。推开刷着白漆的房门，就来到一处充斥着颜料气味的共享画室。山口从几年前就租住在这里画画，在这里她与能够互相激发创作灵感的同伴共同创作、生活。山口自己家中也处处摆放作品，植物作为绘画题材在房间中必不可少。今天她也去了附近的花店，轻松享受这艺术的生活。

——生活方式中最重要的主题是什么？
协调好衣食住。置身于有美术作品、能激发想象力的环境中。

——休息日喜欢如何度过？
早起，逛跳蚤市场、古董集市、美术馆和画廊。

——家居内饰的主题和规则是？
只被喜欢的事物所环绕，不固定在某种风格。

——最喜欢家中哪个场所？喜欢在那里做什么？
书架附近。在沙发和床上读书。

——家中最珍爱的物品是？
艺术品。

——正在收集的物品或毫不犹豫就会买下的物品是？
点心盒、徽章、袜子，还有心仪作家的作品集。

——有哪些喜欢的家居品牌或商店？
位于门前仲町的watari（是大前辈的店）。

——请给不收拾房间的人一个建议吧。
我自己也不收拾，所以给不了建议，可以把凌乱当作自己的原创风格，去享受它。

——喜欢什么风格的服饰？
知道这件衣服出自谁手、能够了解着装者故事的风格。

——喜欢用哪些时尚品牌来打造自己的风格？
YAECA、FWK by ENGINEERED GARMENTS、Susan Cianciolo Studio。

——从何处获取关于家居和时装的灵感？比如常读的杂志和书，或者敬仰的人。
一直从自己身边的朋友（艺术家和设计师）身上受到启发。

——今后想要的东西是？
托盘。

——简要概括，提升品位需要什么？
远近都好，要走出去，看看自己不知道的世界。

——你的座右铭是？
时尚就是每日的艺术（出自林央子《扩张的时尚》展会型录）。

1. 只花了 500 日元买的编筐，当时觉得"挂墙上当个画框也不错"，考虑再三还是用来摆放鞋子。这种可视化收纳方法值得效仿。2. 每周在家或单位附近花店买来的花，数量虽不多，但也会给房间各处带来韵律。右边"尝试弄得像个祭坛（笑）"，展现出山口的品位。3. 初见有些繁杂的房间里，有艺术品、稀奇古怪的小物件和手工干花，每件都有山口的风格。4. 还有许多旅行纪念品：芬兰的玻璃杯、泰国的佛像等。后面的人像也是山口的作品之一。"将不同尺寸的物品统一描绘在正方形的画框中，每个题材的力度都一目了然"，这系列画作的油画框据说都是由山口自己绷装的。

MY PRIVATE
WARDROBE

山口的衣橱好物充满玩心。左上是阳伞艺术家朋友 Coci la elle 制作的阳伞，全世界仅此一把。下方的格子裙、牛仔裙，右侧毛笔下的拼布和左边的腰带都来自 JESSICA OGDEN。中间有大虾图案的针织衫是山口结合 BEAMS BOY 的 "Sunshine Story" 系列主题设计的，很有纪念意义。右下的托特包上是山口所绘制的插画，为庆祝 BEAMS LUGGAGE 轻井泽店开业，"画了很多著名景点和土特产，看上去就像有轻井泽地方特色的纪念品"。帆布包上方的红书是山口自己的作品集，正在销售，限量 1000 本。

042

日野 达雄

伦敦事务所
37岁／伦敦布伦特豪斯路

"家中有许多别人送的礼物，比如这个就是朋友为妻子画的肖像。"日野说。就算聊的是家居内饰，日野口中也一定会不时蹦出好友的名字。明明只是三口之家，却洋溢着惦念他们的家人和朋友的爱，甚至有种热闹的感觉。这种爱既体现在某处仓库甩卖时淘到的古董家具中，也体现在东伦敦年轻艺术家的作品集锦中。

——生活方式中最重要的主题是什么？
自由主义。

——休息日喜欢如何度过？
就是和孩子玩。

——家居内饰的主题和规则是？
古典和流行的融合。

——最喜欢家中哪个场所？喜欢在那里做什么？
在客厅读书。

——家中最珍爱的物品是？
所有朋友送我的艺术品。

——正在收集的物品或毫不犹豫就会买下的物品是？
年轻艺术家的作品和艺术书籍吧。

——有哪些喜欢的家居品牌或商店？
HOUSE OF TWENTY。

——请给不收拾房间的人一个建议吧。
其实我也不太收拾。

——喜欢什么风格的服饰？
喜欢融合了各种宗教和文化的服装。

——喜欢用哪些时尚品牌来打造自己的风格？
DRIES VAN NOTEN、Lock & Co. Hatters、MOUNTAIN RESEARCH。

——从何处获取关于家居和时装的灵感？比如常读的杂志和书，或者敬仰的人。
村上龙、伊坂幸太郎、百田尚树、保罗·奥斯特（Paul Auster），还有各种人的自传。我认为家居内饰和时尚的灵感来自各种文化和环境的交流，从中得到经验，站在平时看不到的角度去看事物。

——今后想要的东西是？
不想租房了，想买个房子。

——简要概括，提升品位需要什么？
胸怀大志，明确方向。然后朝着这个方向，将相关事物像拼图一样拼凑组合。

——你的座右铭是？
人生仅此一次！

1. 为了让身心得到充分放松，卧室选择古朴稳重的 vintage 家具。镜子旁摆放妻子从祖母那里继承而来的油画和祖母年轻时的照片，散落着感伤的回忆。2. 窗边是来自家人和朋友的礼物，还有旅游时的纪念品。在天气时常阴沉的伦敦，这些摆件能让人心情变好。日野经常会忘记日期，可翻转数字的老日历帮了大忙。3. 客厅墙上挂着艺术家朋友们赠送的作品。这些藏品让人感受到伦敦的街头艺术。4. 设计师加勒斯·普（Gareth Pugh）是日野十多年的好友，他送了一个法国玩偶作为庆贺日野孩子出生的礼物，玩偶的裙子由他亲自设计。纸尿裤就收纳在这件曾在巴黎时装展上发布的裙装的迷你版中。竹制的绿植架是 20 世纪 70 年代的物品，设计独特，日野非常喜欢。

MY PRIVATE
WARDROBE

日野的衣橱好物。右侧 DRIES VAN NOTEN 的格纹睡袍是他特别喜欢的一件外套。然后依次是日野亲自策划的 PETER PILOTTO 和 MISMO 联名款拎包、GRENSON×BEAMS 的系带鞋、MOUNTAIN RESEARCH 的运动卫衣和 NIKE Tech Fleece 帽衫。SIBLING 的针织衫上有独特老鼠图案珠串刺绣，这也是日野第一次参与采买的品牌。RHODIA×BEAMS 的笔记本，存放贵重物品的 POSTALCO 钥匙包和 SMYTHSON 卡包总是随身携带。中间由串珠和天使形状组成的胸针是自 20 世纪 80 年代就活跃在业界中的造型师朱迪·布雷姆（Judy Blame）的作品，独一无二。

这是瑞典式房屋林立的文化城。这里没有电线杆，住宅内外都很宽敞舒适，就像在国外。进入玄关，窗户、格局、采光、墙壁颜色、实木的使用等在日式住宅中都很少见，整个住宅明亮而令人心情舒畅。这是一处摆放着名家大作，具有开放感的空间。马场一家人笑逐颜开，自在地生活在这里。若问居住感受，这家人的笑容就是最好的答案。

——生活方式中最重要的主题是什么？
EASY LIVING（假日模式）。在家中能够尽情享受：闲散地躺着、吃东西、泡澡这三件事。

——休息日喜欢如何度过？
早上散步，上午和孩子一起玩橄榄球，从傍晚开始莫名有种要开家庭聚会的感觉。

——家居内饰的主题和规则是？
留出了空间，哪里都可以落座。确保孩子玩耍的动线。

——最喜欢家中哪个场所？喜欢在那里做什么？
在门廊（阳台）吃东西、喝酒、读书、眺望。

——家中最珍爱的物品是？
最钟爱房子的窗户。木质窗框和照进来的光可以将家居内饰衬托得更美。

——正在收集的物品或毫不犹豫就会买下的物品是？
橄榄球、有好看图片的外国食谱、可以在室内穿的鞋子。

——有哪些喜欢的家居品牌或商店？
MOYAI工艺（镰仓）、CONRAN SHOP等。设计师品牌有汉斯·瓦格纳、布鲁诺·马松（Bruno Mathsson）、阿尔瓦·阿尔托（Alvar Aalto）、布吉·摩根森等。

——请给不收拾房间的人一个建议吧。
确定收拾的时间。按照摆放、分类、丢弃的步骤收拾。

——喜欢什么风格的服饰？
品牌别太夸张。可以随意搭配的服饰。

——喜欢用哪些时尚品牌来打造自己的风格？
Belvest、Enzo Bonafè、Mario Muscariello、SIG ZANE DESIGN'S、Brilla per il gusto等。

——从何处获取关于家居和时装的灵感？比如常读的杂志和书，或者敬仰的人。
时装上的启发来自职场同事。夏威夷可爱岛的小木屋和BEAMS伦敦事务所等。崇拜的人是绵谷宽、石川三千花等。

——今后想要的东西是？
橄榄球服和队服。

——简要概括，提升品位需要什么？
去观察从古至今被誉为美好的物品，并思考其原因。

——你的座右铭是？
天无绝人之路。

1.进门处摆放沙发凳,可以坐着穿鞋。入口处也放置了蝴蝶凳,不仅方便穿鞋,当来客时,客人们也可坐在玄关闲适放松,这是主人精心考虑的布置。2.这是窗外的景色,窗子有意开设在能看到绿植的位置。采光良好的室内有厄内斯特·雷斯(Ernest Race)设计的桌子和阿尔瓦·阿尔托设计的凳子。在墙壁张贴松木材并涂色以营造温馨感,这也是瑞典式房屋的特色。3.建造房屋时去看过夏威夷的别墅小屋作为参考,墙上挂的就是小屋的照片。还挂着在夏威夷购买的木牌。4. BANG & OLUFSEN 的音响,也是很好的内饰。旁边是阿尔瓦·阿尔托设计的茶托盘,搭配马场夫妇心仪的冲绳松田兄弟的陶器。玻璃器皿区除了艺术家制作的花瓶外,还摆放着马场家长子制作的玻璃杯。住宅里也会到处摆放孩子们的作品。

MY PRIVATE
WARDROBE

左侧是马场家长子所在的橄榄球学校的原创Polo衫、日本国家橄榄球队官方球衣、澳大利亚球队来日本交流时赠送的纪念品双面运动衣，还有"再见，国立竞技场"活动纪念版橄榄球。和儿子在一起，马场也开始爱上橄榄球。镶嵌美丽贝壳的尤克里里购自南天群星乐队成员开的店，有令人欢欣雀跃的夏威夷风情。系带皮鞋由意大利的Enzo Bonafè出品。有醒目骷髅刺绣图案的鞋子也用作室内鞋，品牌是Tricker's。平时常穿的外套品牌是Belvest。配色和图案休闲中兼有绅士风度。

058

丸山 珠花

造型总监
46岁/东京都杉并区

这是一处位于大路旁住宅区的独栋住宅。沿着舒适的实木楼梯走上去就来到客餐厅，这里有很多男主人喜欢的设计师座椅以及丸山喜欢的植物和民艺品。随后出来迎接我们的是这所房子的主角——爱犬梦梦。在这处中世纪风和现代风混搭，却出乎意料予人统一感的舒适空间中，三人（两人一汪）其乐融融地生活着，今日如此，明日亦然。

——生活方式中最重要的主题是什么？
我在仙台出生，在东京长大，喜欢有少许城市感加上少许乡村感的生活，吉祥寺比较贴近自己的理想。在家附近的井之头恩赐公园能够感受到最喜欢的绿色。

——休息日喜欢如何度过？
周末休息时会专门留出一天待在家里。在家里和爱犬梦梦悠闲地待着，或是做喜欢的园艺（莳花弄草）让心灵得到治愈。

——家居内饰的主题和规则是？
基本上按我老公的喜好布置得比较多。家里的规则是尽量不在客厅摆放物品。花和绿植是我的心爱之物，会按我的喜好摆设。

——最喜欢家中哪个场所？喜欢在那里做什么？
坐在客厅的沙发上望着天花板，心灵可以得到治愈。喜欢在小庭院里做园艺，每个季节开放的花都让人心生期待。

——有哪些喜欢的家居品牌或商店？
绝对要推荐fennica。还有摘草、鲁山、El Sur、花101。

——喜欢什么风格的服饰？
我很喜欢赶时髦啦，绝对会关注潮流。但我又不喜欢全身都穿同一个品牌……每天都会选择原创风格。喜欢珍珠，所以总是会佩戴珍珠。因为我的名字叫珠花，珠＝珍珠，佩戴珍珠会令我安心。根据每天的心情选择衣服！！！

——喜欢用哪些时尚品牌来打造自己的风格？
BEAMS BOY、sacai、CHANEL、HERMÈS、珍珠、古着、牛仔。我的日常穿搭和时尚中BEAMS必不可少啊。

——从何处获取关于家居和时装的灵感？比如常读的杂志和书，或者敬仰的人。
奥黛丽·赫本和可可·香奈儿永远是我的偶像。

——简要概括，提升品位需要什么？
了解自己。大量信息＝张开天线保持敏感。什么都不如多去各种地方看看。学习也很重要。经常会从朋友的话中获得启发，或许对我来说也是信息来源之一。

——你的座右铭是？
为他人着想。

1. 家中各处摆放绿植，彰显品位。厨房和楼梯旁边也有很多绿植，让人心情舒适，体现出丸山的爱好就是园艺。2. 丸山家是自建住宅，整个室内装修均使用赤松木。房子干净整洁，让人看不出房龄已有十二年，仅此就可以得知主人对房子有多么爱惜。客厅旁是一处和室开间，打造出可以放松的空间。3. 男主人喜爱而收集购买的知名设计师座椅有很多把。照片上是美国中世纪代表设计师之一诺曼·彻纳（Norman Cherner）设计的座椅。爱犬梦梦来到这个家已经三年了，客厅成了它的娱乐场所。最喜欢哈里·贝尔托亚（Harry Bertoia）设计的椅子，是稀世名品。4. 和室一角摆放着许多梦梦的玩具。家中自不必说，休息日还会去附近的井之头公园玩。

061

MY PRIVATE
WARDROBE

丸山最喜欢的包袋藏品。图左 HERMÈS 的 "BIRKIN" 是她作为四十岁的纪念从巴黎总店购买的。去总店购物正是丸山的风格。CHANEL 手包购于纽约。有可爱小鹿斑比图案的 GIVENCHY 包袋是近期购买的 2014 年秋冬新品。图右是伊姆斯的小牛皮椅。椅子上放着 HERMÈS 的 "KELLY"，来自同样喜欢名牌的母亲。CÉLINE 的蓝色 "Trio" 斜挎包和 "LUGGAGE" 手提包购于日本。CHANEL 小链条包是十多岁时妈妈送的礼物，装满了回忆。

064

相田 高史
相田 祥子

 | bpr BEAMS VMD (视觉营销)
BEAMS HOUSE 六本木
36岁、35岁／神奈川县横滨市

从阳台往外看，公寓近前绿树成荫，对面可以望见远处街景。相田家也被许多植物环绕，像是这风景的延续，非洲木雕和艺术家亚当·西尔弗曼（Adam Silverman）的陶器自然融合。巨型仙人掌"换盆时要费些力气"，相田夫妇说着笑起来，但二人都很享受去寻找新花盆和每天"费些力气"照顾它的时光。这是一处可以感受悠然时光、让人感到温馨的房间。

——生活方式中最重要的主题是什么？
从中学时就把垂钓作为休闲，可以被植物环绕，享受悠闲时光。

——休息日喜欢如何度过？
垂钓→去逛钓具店→植物店→傍晚开始看DVD。

——家居内饰的主题和规则是？
汇集了各个时期喜欢的物品。

——最喜欢家中哪个场所？喜欢在那里做什么？
客厅。打理植物（更换新买的花盆之类）。

——家中最珍爱的物品是？
宠物智子（12岁）。

——正在收集的物品或毫不犹豫就会买下的物品是？
植物、钓具、民艺品。

——有哪些喜欢的家居品牌或商店？
丛（植物）、红波圆（植物）、talo（北欧家具）、P.F.S.PARTS CENTER（家具）、松崎修先生的木漆工艺品。

——请给不收拾房间的人一个建议吧。
买东西前想好用途和摆放位置。

——喜欢什么风格的服饰？
古着混搭风。用有质感的毛衫搭配休闲短裤之类，不落俗套。

——喜欢用哪些时尚品牌来打造自己的风格？
ts(s)、patagonia、ENGINEERED GARMENTS、古着。

——从何处获取关于家居和时装的灵感？比如常读的杂志和书，或者敬仰的人。
SALTWATER杂志、小田康平先生（植物商店"丛"）。

——今后想要的东西是？
植物商店"丛"的植物、松崎修先生的作品。

——简要概括，提升品位需要什么？
去尝试挑战各种事物（运动和户外活动等）。

——你的座右铭是？
享受过程。

1. 与爱犬智子和睦相处的相田夫妇。餐厅后方摆放的植物是二人的爱物之一。从植物商店"丛"购买的多肉植物在雪白墙壁的映衬下更醒目。此外陶瓷和民艺品也在生活中不可或缺。不仅用作内饰，还会通过实际使用将其融入自己的生活方式。louis poulsen灯具的灯光柔和地照射在充分浸染二人生活气息的食器上。2. 房间一角的书架上摆放着贝多芬、巴赫、肖邦等古典音乐巨匠的乐谱。祥子有时会弹钢琴来转换心情。倾听太太演奏是高史最珍贵的休闲时光。3. 窗边些许空间摆放小动物和人形摆件。非洲民艺品不过分张扬，能够与空间融为一体。这些不经意间映入眼帘的小小摆件让房间的气氛更融洽。4. 干净规整的厨房，平底锅、炒锅、不锈钢烹饪工具等平时常用物品都悬挂收纳。风格简洁，不放置多余的物品。

MY PRIVATE
WARDROBE

高史摆放的是钓竿等运动风物品，而祥子的则多是时尚精品，二人的衣橱好物形成了有趣的对比。图左是购于 BEAMS 的 KAPTAIN SUNSHINE 上衣。几乎每天都想穿的心爱毛衫是 Inis Meáin 的。穿旧的 Levi's XX 和 ONLY NY 的 T 恤等是休闲单品。最喜欢 Carpenter 的钓竿和 DAIWA 的绕线轮。"垂钓是中学起养成的爱好，还租过船和 BEAMS 同事一起去钓大鱼呢（笑）。"图右很有女人味的 BAGUTTA 无袖上衣是祥子的中意之物。披肩品牌是 Faliero Sarti，裙子品牌是 SOFIE D'HOORE，日常佩戴的手表是古董 OMEGA。"除了手表外，都购于 BEAMS"，祥子甄选的衣物简单而有质感。

玄 关门一打开，就看到活泼地跑出来迎客的兄妹的笑脸，连我们也受其感染笑了起来。"想一直待在这里"是这个家给我们的第一印象。因为收拾得干净整洁，可能让人难以察觉这个家中其实有很多重要的物件能体现出这对夫妇的爱好。和长谷部聊天时，孩子们会一件接一件地拿来自己的宝贝。不仅是大人，这里也装满了对孩子们而言非常珍贵的物品。

——生活方式中最重要的主题是什么？
没有特别的主题。只做自己喜欢的事。

——休息日喜欢如何度过？
和孩子们一起度过。

——家居内饰的主题和规则是？
没有主题和规则。只是按自己的喜好去搭配使用自己喜欢的东西。

——最喜欢家中哪个场所？喜欢在那里做什么？
沙发。睡觉前躺在沙发上看书。

——家中最珍爱的物品是？
无论哪件都有纪念意义，都很珍贵，难分伯仲。

——正在收集的物品或毫不犹豫就会买下的物品是？
旧书。特别是和时尚相关的杂志和摄影集，如果看到有趣的就会买下来。

——有哪些喜欢的家居品牌或商店？
不太在意品牌。只要直觉上觉得好，无论什么品牌都会买。吉祥寺的please、镰仓的Losango都是我喜欢的店。

——请给不收拾房间的人一个建议吧。
我自己也不太收拾……

——喜欢什么风格的服饰？
BEAMS PLUS中能看到的美式传统风格，我喜欢的服饰大体上基于美式休闲。

——喜欢用哪些时尚品牌来打造自己的风格？
不会拘泥于品牌，所以没有什么特别的。

——从何处获取关于家居和时装的灵感？比如常读的杂志和书，或者敬仰的人。
因工作需要会经常看20世纪40年代至60年代中期的美国杂志。不仅成了爱好，也会实际从中受益。

——今后想要的东西是？
如果有好看的仙人掌想要一个。

——简要概括，提升品位需要什么？
我也很想知道啊。

1.长谷部夫妇一起收集的饰物。玛丽亚·鲁德曼（Maria Rudman）的腕饰在fennica也有售，是使用驯鹿角、皮和锡丝以传统技法制作而成的。2.客餐厅的展示架。摆在上面的绿植和有趣的小物让人看上去很开心。丽莎·拉森（Lisa Larson）的老虎摆件制作于20世纪六七十年代，其特征是平静的表情。后方大象图案的布艺板来自芬兰的布艺品牌SVENSKT TENN。3.采光充足的儿童房。长女最喜欢的玩具房中有许多宝物。手中的袜子猴是她的好朋友。拍摄当天她也精力充沛地满屋跑动。4.成为长谷部家搭配亮点的小物大多是红色，这也是贴合BEAMS PLUS的主题之一——加州常春藤学院风的配色。

MY PRIVATE
WARDROBE

长谷部的衣橱好物。左上是打造假日造型的 patagonia 中裤。左下是 BEAMS PLUS 特别定制款 L.L.Bean 的 BOAT & TOTE Bag。下方是和钱包同款的钥匙包。中间是美国的旧杂志 *Esquire*，在工作中也会参考。书架上还有很多当时的电影介绍单页等。BEAMS PLUS 的纽扣衬衫和海军蓝西装夹克时常穿着，经典永不过时。LOOPWHEELER 特别定制款开襟毛衫上缝着在古着店购买的绣章，在基础款上加入自己的趣味，正是长谷部的一贯风格。随时间变化更具韵味的基础款牛仔裤是 BEAMS PLUS 的原创品。

076
设乐 基夫

新品牌开发部
49岁 / 东京都世田谷区

令人舒适的阳光从大窗照入这处高层公寓的十一楼。彼得·韦德(Peter Hvidt)与奥拉·尼尔森(Orla M. Nielsen)设计的平整的沙发、乔治·尼尔森(George Nelson)设计的挂钟、SVENSKT TENN的椅子等，客厅中全都是主人的心爱之物。"特别喜欢从这里看晚霞"，窗边是设乐的特等座，可以一览街区景色。妻子和女儿都围坐过来时，就开启了全家团聚的快乐时光。这也让人越来越喜欢在家度过的时光。

——生活方式中最重要的主题是什么？
看晚霞。

——休息日喜欢如何度过？
在世田谷公园和叶山海岸闲逛。

——家居内饰的主题和规则是？
被心爱之物环绕，尽情放松！

——最喜欢家中哪个场所？喜欢在那里做什么？
在客厅和家人吃饭。

——家中最珍爱的物品是？
斯蒂格·林德贝格(Stig Lindberg)的陶板。

——正在收集的物品或毫不犹豫就会买下的物品是？
真诚的事物。CD、外文书。

——有哪些喜欢的家居品牌或商店？
HIKE、ANTIQUES THE GLOBE。

——请给不收拾房间的人一个建议吧。
多丢掉一些东西吧！

——喜欢什么风格的服饰？
能感受到当下的风格，将心爱的单品一穿到底的风格。

——喜欢用哪些时尚品牌来打造自己的风格？
Clarks和BIRKENSTOCK。

——从何处获取关于家居和时装的灵感？比如常读的杂志和书，或者敬仰的人。
茨木则子的诗集，伊丹十三先生，原宿和涩谷的街区。

——今后想要的东西是？
钻石饰品和保时捷的卡宴！

——简要概括，提升品位需要什么？
花钱。

——你的座右铭是？
车到山前必有路。

1.玄关旁边是设乐夫妇心爱之物的聚集地,有斯蒂格·林德贝格的陶器和BRAUN出品的被称作"Domino"的烟灰缸。平时使用的食器也多为斯蒂格·林德贝格的设计品。2.独生女练习钢琴,为演出做准备。客厅墙上还保留着女儿3岁时的涂鸦,向乐询问后,他回答:"已经对涂鸦有了感情,就让它原样保留了。"还有家具,即便有少许伤痕也会维持原状。由此可见设乐安稳踏实的性格。3.女主人曾在BEAMS MODERN LIVING 工作,拥有丰富的家居内饰知识。这个房间迄今为止汇集了来自各地和各时代的物品,有北欧的,也有20世纪中期的,她将心爱之物恰到好处地混搭在一起,令人无比安心。4.卧室的墙漆是深蓝色,又有种与客厅不同的宁静氛围,令人心情平静。正因为有一处这样的房间,才能够转换心情,调整好生活的节奏。

MY PRIVATE
WARDROBE

设乐在新品牌开发部工作,他是 BEAMS 新业务的支柱。这些是他的衣橱好物。右上方是 incase 双肩包,上面放的是使用了很久的心爱的 WILD SWANS 笔袋,结实的皮质材料很吸引人。Clarks 的鞋子出镜率很高。设乐经常戴帽子,针织帽是 BEAMS 原创的。外套来自伦敦成衣铺 Fallan & Harvey。木岛隆幸设计的 coeur 帽子上是 OLIVER PEOPLES 太阳镜。设乐本人也参与策划的 mmts 的"NAKANO"卫衣和 Coleman 野餐垫是 BEAMS 特别定制款。平时的穿衣风格并无定式,依据当天心情享受随意搭配的乐趣。

084

猿渡 裕子

🏠 | 👪 | 巴黎事务所
        45岁 / 法国马赛朗

法国西南部大城市图卢兹,靠近与西班牙交界处连绵的比利牛斯山脉,从此往东40千米,就来到一座环抱自然的小城,猿渡一家三口就居住在这里。兼职自由翻译的猿渡与BEAMS邂逅是在四年前。因巴黎朋友的关系,她会在每年两次的时装周上为买手做翻译。每到此时,她就会出发前往遥远的巴黎。

——生活方式中最重要的主题是什么?
使用当季美味食材制作美食,享受美食。在大自然中散步,切身感受季节变换。

——休息日喜欢如何度过?
全家一起去大自然里野餐。

——家居内饰的主题和规则是?
不摆放多余的东西,物归原位,以白色为基调。

——最喜欢家中哪个场所?喜欢在那里做什么?
阳台。夏天经常在阳台悠闲地吃晚饭。

——家中最珍爱的物品是?
意式咖啡机。

——正在收集的物品或毫不犹豫就会买下的物品是?
不知不觉买了很多衣服和鞋子,但不算收集。对物品并没有执念,不想增加物品的数量。

——有哪些喜欢的家居品牌或商店?
IKEA应该算一个。在法国很便宜,相较价格也很有品位。

——请给不收拾房间的人一个建议吧。
建议不要的东西全丢掉,虽然我也不收拾房间(笑)。

——喜欢什么风格的服饰?
轻便、自然。

——喜欢用哪些时尚品牌来打造自己的风格?
H&M、ESPRIT、Somewhere……都是些便宜的品牌(笑)。稍微贵点的话,要数Comptoir des Cotonniers了。

——从何处获取关于家居和时装的灵感?比如常读的杂志和书,或者敬仰的人。
经常翻看家居内饰相关的杂志,但没有专门关注哪本。书的话就是村上春树的。曾经很喜欢时装,如今不太讲究了,穿衣很自由,凭感觉。

——今后想要的东西是?
包,还有法国很难买到的盛拉面或乌冬面的大碗。

——简要概括,提升品位需要什么?
品位还能提升吗?我觉得好品位是与生俱来的。

——你的座右铭是?
普通人都会有座右铭吗?我没有,连想都没想过。

1. 最前面是法国老牌企业 GODIN 的暖炉。暖炉的柴火是和附近的人一起砍伐城内的林木而来的。为准备过冬，男人们在夏天伐木，在保存场地将其晾干。暖炉后边可以看到玄关。猿渡说："玄关很宽敞，就把书架摆放在这里了。" 2. 会客室里摆放着一台如今很少见的老电视。电视机柜是 IKEA 的经典款，鲜亮的色彩点亮了整个房间。这里也有书架。3. 开阔的中庭，连绿地在内有 4 公顷。因为喜欢这个院子的环境所以买了这里的房子。猿渡居住的小城分为十三个区，现在居住了十户家庭，所有家庭一共有十四个孩子。儿子茁壮成长的身影非常可爱。这里对儿子来讲就像天堂一样。4. 庭院里的家庭菜园。猿渡最喜欢的"阳台"前的庭院就是菜园，栽种着番茄和黄瓜。

MY PRIVATE
WARDROBE

衣橱好物很有猿渡自然派的风格。左上方的鞋子是PATAUGAS的，购于法国，穿回日本时广受好评。右边的中裤和左下的围巾是ESPRIT的。衣橱中最有纪念意义的是ANTIK BATIK的提包，第一次为BEAMS工作时才知道这个牌子，当时有位买手说这款包很适合猿渡，但"因为很贵，所以等到打折时才买下来（笑）"。中间的黄色手表是意大利品牌O clock的。猿渡有个相识于日本语言学校、同期来法国留学又一直一起奋斗的好朋友。这块表是对方决定回国发展时，二人一起购买的。上衣和挂坠都购于日本，全凭感觉购买。

白川家摆放了Y椅、阿尔瓦·阿尔托的圆凳、长椅等许多椅子。女主人优子笑着说："我们其实就两个人，椅子可能多了点。"不过白川家经常会开家庭聚会，椅子还是很必要的。之后登场的是白川放眼镜的容器和多种小物。这里的每件物品都有故事。白川夫妇与聚集于此的人们度过的欢乐时光，也会创造出更多的故事。

——生活方式中最重要的主题是什么？
食物和酒。夫妻都工作，所以很重视二人时光。

——休息日喜欢如何度过？
一个人的话就会看电影，白天喝喝小酒寻开心。两人的话就邀请朋友、同事或家人来家里吃饭。

——家居内饰的主题和规则是？
也不算主题，就是确保书籍和容器都触手可及。

——最喜欢家中哪个场所？喜欢在那里做什么？
客厅和餐厅。

——家中最珍爱的物品是？
丰田弘治、芹泽銈介和山田真万的作品。

——正在收集的物品或毫不犹豫就会买下的物品是？
器皿（山田真万的陶器）、书、飞鸟形状的艺术品。

——有哪些喜欢的家居品牌或商店？
TIMELESS（西宫·夙川）、6 [rock]（丹波篠山）、ViVO, VA（神户元町）。

——请给不收拾房间的人一个建议吧。
我自己就是不收拾房间的人……

——喜欢什么风格的服饰？
比较传统的风格。小物和手表等会选有品质的，越使用越有韵味。

——喜欢用哪些时尚品牌来打造自己的风格？
orSlow。

——从何处获取关于家居和时装的灵感？比如常读的杂志和书，或者敬仰的人。
(BEAMS) 伦敦事务所的特里·埃利斯和北村惠子夫妇。

——今后想要的东西是？
布吉·摩根森的沙发和芹沢銈介的挂轴。

——简要概括，提升品位需要什么？
我也想问这个问题呢……

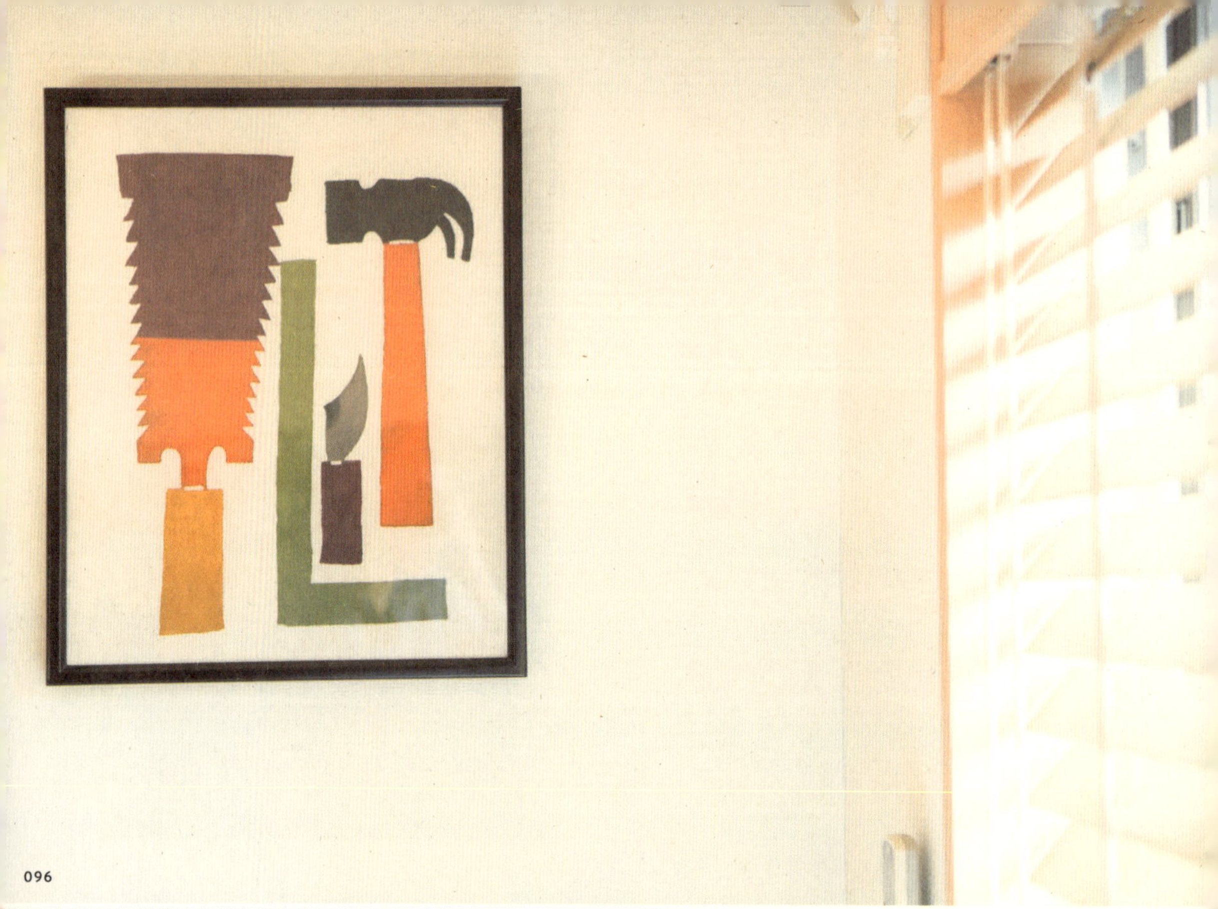

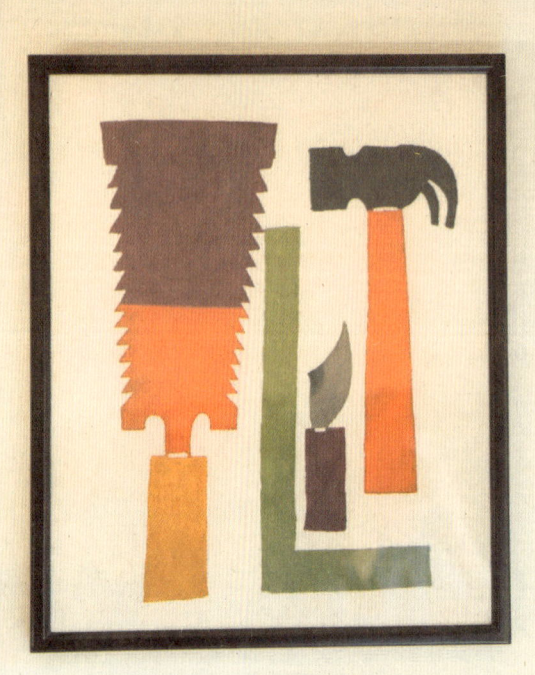

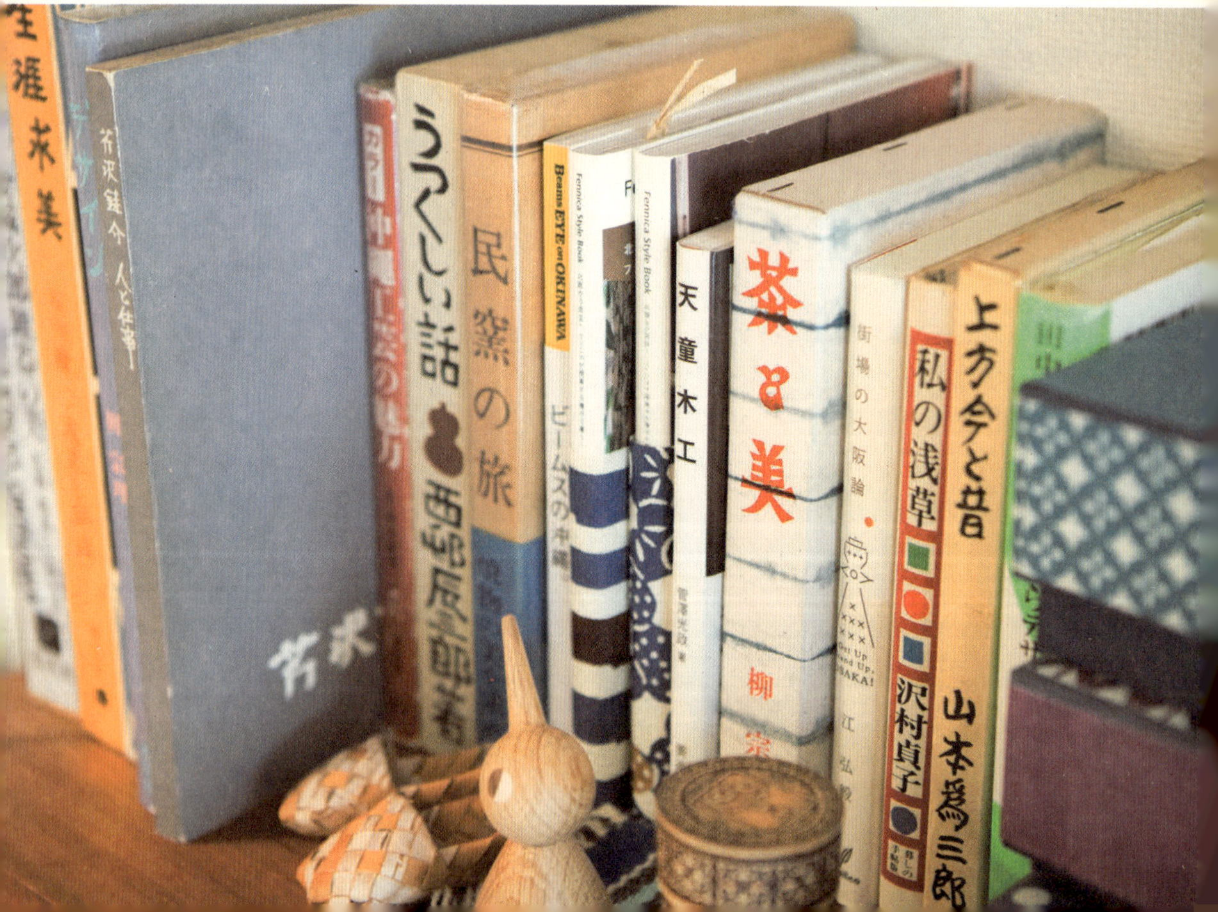
芹沢銈介 人と作品
うつくしい話
民窯の旅
Beams EYE on OKINAWA
ビームスの沖縄
Fennica Style Book
天童木工
茶と美
街場の大阪論
江弘毅
私の浅草
沢村貞子
上方今と昔
山本為三郎

1. 女主人是世界级花艺师，她看似随意地将香薰和小物添作内饰，无论和风洋风，都能完美搭配。2. 白川在休息日喜欢边喝酒边读书。为了想读书时随时能拿到书，他像摆放摆件一样在各处摆放书本，书架上是关于民艺的书籍和好看的摄影集。3. 二人喜爱的容器整齐地摆放在橱柜里，有山田真万的作品，也有北窑、出西窑、小鹿田烧等日本各地的陶器。这些容器能够衬托菜肴，也因不同菜品呈现出不同的表情。4. 最喜欢山田真万的陶器，摆放在丹麦制造的 vintage 橱柜中。这些器物会在欢庆新年时用来盛放佳肴。

MY PRIVATE
WARDROBE

(上图)白川十分钟爱以至于直接去冲绳购买的山田真万的陶器作品。鲜艳而笔触有力的彩绘可以很好地衬托妻子的菜肴。
(下图)白川的爱用之物。精心养护的 J.M.WESTON 乐福鞋很引人注目。可称作白川个人标志的眼镜购于白山眼镜店。HERMÈS 的海军蓝记事本彰显成熟气质。装眼镜和小物的袋子来自 VUOKKO。收集了许多玛丽亚·鲁德曼的腕饰,夫妻二人都会佩戴。灰色的 HERMÈS 零钱包是妻子赠送的。PANERAI 的手表旁边是妻子的 TUDOR 手表,表带是定制的。

横滨是个坡道很多的城市，今村家就在一处高地的坡顶，房屋内外将和风与现代感融合，处处考究，窗外景色优美，视野开阔。建筑物正中设置螺旋楼梯，楼梯口处挂着被称作"生命之布"的非洲库巴族手工织布，与格栅打造的和风世界酝酿出一种不可思议的协调感。今村的固定位置是二楼和室里铺的墨西哥地毯。以妻子亲手制作的菜肴下酒，让喜爱的烧酒更加美味。

——生活方式中最重要的主题是什么？
酒和音乐。

——休息日喜欢如何度过？
早上一起床，就以啤酒和音乐开始新的一天。

——家居内饰的主题和规则是？
比起关注整体感，我更喜欢一件件收集喜欢的物品。

——最喜欢家中哪个场所？喜欢在那里做什么？
和室。可以坐下来好好地品酒。

——家中最珍爱的物品是？
沙发。

——正在收集的物品或毫不犹豫就会买下的物品是？
印花方巾（BANDANA）、袜子。

——有哪些喜欢的家居品牌或商店？
HIKE、PACIFIC FURNITURE SERVICE、talo。

——请给不收拾房间的人一个建议吧。
区分好"展示"和"不展示"两种收纳方式，灵活运用。

——喜欢什么风格的服饰？
将基础款穿出自己的风格。

——喜欢用哪些时尚品牌来打造自己的风格？
m's braque、MP Massimo Piombo、CLASS。

——从何处获取关于家居和时装的灵感？比如常读的杂志和书，或者敬仰的人。
奥古斯特・桑德[1]的《20世纪公民》（*Citizens of the 20th century*），《廉价时髦》（*Cheap Chic*）[2]。

——今后想要的东西是？
椅子。

——简要概括，提升品位需要什么？
接触那些能激发想象力的电影、书籍和音乐。

——你的座右铭是？
重视直觉。

1　奥古斯特・桑德（August Sander，1876-1964），20世纪初德国最重要的肖像摄影师，曾计划以"20世纪的人们"为主题拍摄德国各行各业人的肖像，但因时局变动和第二次世界大战爆发未能完成。"20世纪的人们"系列作品中的一部分曾于1929年结集出版为他的首部作品集《时代的面孔》（*Face of our Time*，德语：*Antlitz der Zeit*），《20世纪公民》是由其子冈瑟・桑德（Gunther Sander）选编出版的该系列作品集。（译注，下同）
2　首版于1975年的实用穿搭时尚指南，深受造型师和时尚设计师喜爱。

103

1.客厅一角摆放的欧·巴霍约丁（Ou Baholyodhin）设计的置物架在BEAMS也有售。它是嵌套式结构，コ字形部件可以自由组合。今村喜欢的外文书会摆放在这里。仅一角入镜的沙发是20世纪70年代的丹麦制品，在中目黑的HIKE对其一见钟情。靠枕的布料来自芬兰具有代表性的纺织品设计师约翰娜·格里森，在fennica也可以买到。也被用作餐厅的台布。2.今村家的外观是拥有反差美的黑白水泥墙壁。孑然伫立在植物中的鲜红色邮箱也展现出主人的玩心。3.1927年公映的黑白无声电影《大都会》（Metropolis）的海报装裱在镜框中，摆放在置物架上。4.二人经常聚在餐厅。红漆南部铁壶是妻子的爱物之一，使用它的时候能感到时光悠然流过。

MY PRIVATE
WARDROBE

左上开始是 MP Massimo Piombo 的印花方巾和法国 MAISON BALUCHON 的拎包。毛衫是 International Gallery BEAMS 的原创品，100% 山羊绒。奥古斯特·桑德的摄影集拍摄了20世纪20年代身处各个阶级的德国人，今村深受其影响。皮鞋品牌是 GEORGE CLEVERLEY，围巾品牌是 MP Massimo Piombo 和 m's braque，帽子品牌是 BÉTON CIRÉ，饰物是 IOSSELLIANI 的，针织背心是来自苏格兰的手织品，品牌是 Jamieson's。手表有 CASIO "F91W"、LIP、MICROMA、SWATCH 等。ABBEYHORN 的水牛角可以用作 iPod 的配套音箱。最喜欢用出西窑的酒杯喝鹿儿岛的芋烧酒 NAKAMURA。衬衫品牌是 marimekko。灵魂乐唱片和旅行中经常使用的 SONY "ICF-CD2000" 播放器在音乐生活中不可或缺。

108
加藤 贵志
加藤 阳子

BEAMS 新丸之内
BEAMS LIGHTS 涩谷
37岁, 37岁 / 神奈川县川崎市

墙壁和缓地反射日光，显现出柔和的影子，沿着墙壁走上楼梯，通往更加温馨的客厅。照进房间的日光，均匀地洒满铺成人字形的地板。加藤说："想要那种老旅店风格的地板，就拜托工匠帮我这样一片一片地铺设。"房间里摆放的知名设计师设计的家具和美式小物，与家庭的温馨感完美融合，这处柔和的空间令人心情舒畅。

——生活方式中最重要的主题是什么？
旅行。

——休息日喜欢如何度过？
全家一起探店搜索附近美食，购物。

——家居内饰的主题和规则是？
一楼和二楼是巴黎公寓风（墙壁颜色等），三楼是北欧和摩洛哥、意大利、日本等世界各地混搭风格。

——最喜欢家中哪个场所？喜欢在那里做什么？
男主人→在厕所发呆。女主人→在卧室和女儿躺着看书，在客厅放松。希望在家享受音乐，就到处都放了音箱。

——家中最珍爱的物品是？
物品都会长久使用，搬家时也基本不会添置，可每当新添家族成员或是纪念日时，都会添置北欧的椅子。

——正在收集的物品或毫不犹豫就会买下的物品是？
碎花图案的杂物。

——有哪些喜欢的家居品牌或商店？
THE CONRAN SHOP、ROGOBA、广岛ANDERSEN。

——请给不收拾房间的人一个建议吧。
每件物品都有固定位置，用完一定要物归原位。

——喜欢什么风格的服饰？
能和孩子无拘无束一起玩的风格。

——喜欢用哪些时尚品牌来打造自己的风格？
BEAMS、J.CREW、RALPH LAUREN。

——从何处获取关于家居和时装的灵感？比如常读的杂志和书，或者敬仰的人。
介绍夏威夷的书。

——今后想要的东西是？
全家都能开的紧凑型小汽车。

——简要概括，提升品位需要什么？
投资给价格贵但品质好、能长久使用的物品！

——你的座右铭是？
顺其自然（成为这样的人）。

1. 爱女的儿童房,小女孩风格的墙壁颜色令人印象深刻。显色独特的墙壁使用了加藤甄选的美国涂料,楼梯和部分房间墙壁颜色也都不同。"日本的涂料种类少,没有喜欢的颜色。想孩子长大后再给她的房间更换颜色。"2. 摆放在卧室一旁的天童木工摇椅是特别定制品,使用了 SVENSKT TENN 的织物。旁边摆放勒·柯布西耶(Le Corbusier)的海报,休闲放松的空间也点缀了设计感。3. 布鲁诺·马松设计的椅子,采用有机木材,线条优美,黑色椅面使空间显得紧凑。木质的温馨感完美融入房间的色调。4. 最近陆续少量添置的观叶植物。除了绿植,悠闲生活必不可少的还有音乐。"希望在家时能一直感受到音乐",会用 BOSE 音响播放舒缓的音乐。

MY PRIVATE
WARDROBE

加藤夫妇非常喜欢旅行。最喜欢去夏威夷，曾经一年中去了四次。衣橱好物里也多是南国风，洋溢着欢快的氛围。在左上方的拎包是英国品牌 THE JACKSONS 的，上面有醒目的手绘风"Peace"字样，阳子会在上班时使用，购于 BEAMS LIGHTS。帽子的品牌是 coeur，使用中古印花方巾制作的小包，品牌是 HAVEFUN，夏威夷风图案的 PRADA 长款钱包很少见，平时一直使用。中间是爱女的裙子，是在夏威夷拍全家福时购买的。草裙舞人偶摆件购于 BEAMS，也很喜欢。中上方 OAKLEY 的太阳镜是贵志的物品，是在 BEAMS 定制的，上面还印有孩子的姓名。在夏威夷的丰田经销店购买的伞和饮水杯，RALPH LAUREN 的毛巾和沙滩裤等，都有夏威夷风情，是加藤家的特色。

114

加藤 忠幸

BEAMS 买手
41岁／神奈川县横滨市

走进玄关，视野就被各种艺术品、照片、手办所占据！吉姆·菲利普斯（Jim Phillips）、巴里·麦吉（Barry Mcgee）、杰森·阿诺德（Jason Arnold）等让加藤着迷的滑板和冲浪文化的名家作品也都汇集于此。加藤家里从事农业，每天早上他要帮忙把收获的蔬菜运到市场，再到BEAMS上班。这是街头文化和农业的混搭生活。他笑称"我过的完全不是慢生活"，但这种生活在这个时代无法不引人侧目。

——生活方式中最重要的主题是什么？
有童心的成年人生活。

——休息日喜欢如何度过？
冲浪、种菜。

——家居内饰的主题和规则是？
买买买。

——最喜欢家中哪个场所？喜欢在那里做什么？
走廊。

——家中最珍爱的物品是？
所有收集的物品。

——正在收集的物品或毫不犹豫就会买下的物品是？
自己喜欢、能负担得起的物品。

——有哪些喜欢的家居品牌或商店？
二手商店。

——请给不收拾房间的人一个建议吧。
不会收拾的人，不去收拾也好。

——喜欢什么风格的服饰？
简单但对自己有意义的。

——喜欢用哪些时尚品牌来打造自己的风格？
ENGINEERED GARMENTS、SURF & SK8 (BEAMS)。

——从何处获取关于家居和时装的灵感？比如常读的杂志和书，或者敬仰的人。
滑板杂志 THRASHER、JUXTAPOZ。崇拜的人是旧金山的平面艺术家巴里·麦吉、参与设计C.E.的平面艺术家SK8THING和ENGINEERED GARMENTS的设计师铃木大器。时尚的灵感来自艺术品和艺术展。

——今后想要的东西是？
实验室。

——简要概括，提升品位需要什么？
保持纯粹。

——你的座右铭是？
与其花开更美，不如根扎更深。

1. 威风坐镇玄关旁的是如今相当少见的朝鲜版哥斯拉"平壤怪兽"的手办。此外还有暴力猿人和登上纽约怪兽杂志 *Famous Monster* 封面的双头巨人 BEMON 等，软胶模型和手办也收集了很多。有些被狂热追捧的手办甚至价值几十万日元。2. 连玄关的边边角角都摆满喜欢的收集品。加藤的风格是，敬仰的艺术家的作品和手办会购买多件。"喜欢的物品会买两件一样的。我也喜欢把一样的物品摆在一起。" 3. 后院小屋里摆放的小物。这里随意堆放着家里放不下的物品，除了艺术作品，还有鞋子、录音机、磁带等，就像秘密基地！ 4. 蔬菜直销处批发使用的布袋。各种应季蔬菜都批发给镰仓的直销处。平时每天早晨先去菜地，再去上班。休息日先去菜地，再去大海冲浪。只有在镰仓，才能这样充满活力地度过每一天。5. 客厅是一处宁静的空间，体现了妻子的品位。

MY PRIVATE
WARDROBE

（上图）包里装的有和 ZINE 一起定期制作的徽章、记录创意的记事本、展览会等使用的 RICOH 照相机"CX2"等。"不看不知道，原来自己拎了这么多没用的东西（笑）。"（下图）作为 BEAMS "SURF & SK8" 的买手，这些是加藤的精选好物。右边是 ENGINEERED GARMENTS 的滑板系列，连布料都很讲究，是深得他心的一件衣服。have a good time 的套装，大 logo 让人印象深刻。C.E 的套装上"maggot（蛆虫）"印花很独特。加藤说"尊敬的人是铃木大器先生和 SK8THING 先生"，他的衣橱装满了与最爱品牌合作的热情。

在 今年春天新婚的南村夫妇家中，除了各自收集的绿植和家具，还有两人旅行时购买的心爱之物，家里摆得满满当当的。南村说"在国外跳蚤市场看到，就毫不犹豫地买下来了"，虽然不清楚是什么，但总觉得是好东西……洋溢异国情趣的一件件小物件，满载着旅途的回忆。两人的回忆终会化作爱恋，编织进整个家的记忆中。

——生活方式中最重要的主题是什么？
保持用花装饰房间的习惯，欣赏鲜花到干花的变化，或是看着植物让心情放松，最喜欢在家里吃饭……会重视诸如此类生活本身的舒适感。

——休息日喜欢如何度过？
悠闲地吃早午餐，照顾植物之后，去逛附近喜欢的店。从傍晚开始喝酒、吃晚饭，之后悠闲地看DVD、睡觉。

——家居内饰的主题和规则是？
以Green（绿植）与Used（二手物品）和古董的融合为基调，无拘无束的多国籍混合品位。

——正在收集的物品或毫不犹豫就会买下的物品是？
土耳其瓷砖和陶制容器、饰品、内衣。

——有哪些喜欢的家居品牌或商店？
GLOBE ANTIQUES（三宿）、Zanny（世田谷上町）、ieno textile（代官山）、GREEN FINGERS（三轩茶屋）。

——喜欢什么风格的服饰？
高腰造型。喜欢将腰带作为亮点的搭配。

——从何处获取关于家居和时装的灵感？比如常读的杂志和书，或者敬仰的人。
从Pinterest、外文书、The Selby的网站和书籍、喜欢的古董杂货店和常去的餐饮店一点点获得印象，就会得到各种启发。

——今后想要的东西是？
墨西哥瓷砖餐桌，有拉丁元素的椅子，野餐用品。

——简要概括，提升品位需要什么？
重视自身的感性。调整状态，保持对许多事物感兴趣的内心，自问每天在生活中能够感受到什么，先试着对事物保持兴趣。此外，掌握配色感觉和色彩平衡，是内饰和服饰中最重要的一点。

125

1. 楼梯从复式二层延续到一层客厅、餐厅和厨房。楼梯旁边的空间也摆放着外文书和各国杂货。从玄关到走廊有南村手工制作的干花作为装饰。刚感受到这个家的统一感，就听南村介绍："就算买了新家具，也会下功夫让它看起来不是新的。" 2. 卧室隔壁是夫妻二人各自的工作台。二人都喜欢做精细手工。这天，男主人正在组装TECH DECK的指尖滑板。3. 房间中到处是琐碎杂物和内饰，但只有这里才是男主人的爱好集聚地。有外国手办和明信片，彰显品位、洋溢玩心。4. 手工制作的边桌摆放在卧室床边。不必说，它是使用滑板DIY而成。桌腿竟然是空瓶！

MY PRIVATE
WARDROBE

南村的衣橱好物是多国籍混搭。(上图)在国内外购买的 vintage 饰品也有很多会作为室内装饰。中央靠右是 MIRIAM HASKELL 手链。左边的刺绣章和贴纸都各有几百个,是男主人的收藏。中央上方是南村的收藏,土耳其瓷片制作的杂物盒。右下方的笔记本也用贴纸打造成原创风格。(下图)左上方是日常工作时用的包袋,品牌是 J&M DAVIDSON。中央的橙色钱包是特别定制品。右边的外国零食是包中必备的物品。还有喜欢的风格中不可缺少的腰带。最右边是 HALFMAN 的刺绣棒球服。

130
藤木 洋介

B GALLERY 馆长
36岁 / 东京都多摩市

从外观就能让人感受到这栋住宅中洋溢着爱，这或许不仅仅归功于手工制作的名牌。推开玄关门，就会看到好多张随意摆放的照片和画作。为了家人而重新翻修的居室中，还保留着刚建好时的清新感。从客厅连通天井的楼梯平台空间就是书籍的天堂。人生为什么需要书籍、音乐、艺术和爱？在这个闪现出众品位的家中，很想和主人聊聊这些。

——生活方式中最重要的主题是什么？
最重要的就是"爱"。

——休息日喜欢如何度过？
会做那时想做的事。

——家居内饰的主题和规则是？
每天都不一样。

——最喜欢家中哪个场所？喜欢在那里做什么？
每天都不一样。

——家中最珍爱的物品是？
请摄影师为出生第三天的女儿拍摄的照片。

——正在收集的物品或毫不犹豫就会买下的物品是？
没有收集品，但会被完全没用的东西所吸引。

——有哪些喜欢的家居品牌或商店？
家人制作的装饰。

——请给不收拾房间的人一个建议吧。
没有什么收拾的必要吧？

——喜欢什么风格的服饰？
北野武导演的电影《坏孩子的天空》中最后一幕的风格。

——喜欢用哪些时尚品牌来打造自己的风格？
COLONY CLOTHING。

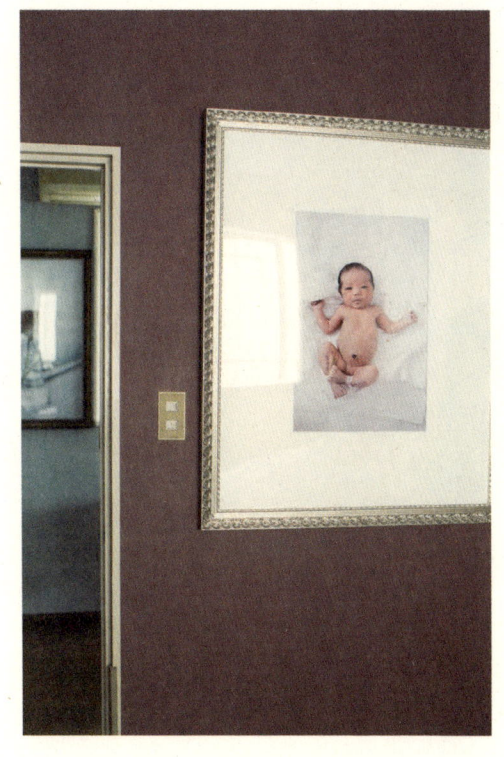

——从何处获取关于家居和时装的灵感？比如常读的杂志和书，或者敬仰的人。
展览会。

——今后想要的东西是？
能环游世界一圈的时间。

——简要概括，提升品位需要什么？
按照自己的想法随意生活就好。

——你的座右铭是？
时间就是爱！

1. 平时基本不太去阁楼，通往阁楼的梯子上也摆着书。根据心情改变屋里的物品和摆放位置，每天都会有变化。2. 藤木说："我是单纯喜欢做手工，跟是否擅长无关。"悬挂手工名牌的玄关前，颜料和画材随意摊放在桌子上。3. 藤木说"要把物品当作生物去看待"，天花板垂下的类似吊饰的东西是森村泰昌的书，打造出了一处不可思议的空间。4. 走上楼梯就来到采光充足的书房。书房一角是藤木的工作间。GALLERY 的展示和策划方案有很多是在此处诞生的。5. 架上多数是国内外的艺术书籍，但开放其间的书籍种类多样，这正是在 GALLERY 工作的藤木的风格。与房间里到处随意摆放的多肉植物也相得益彰。

MY PRIVATE
WARDROBE

藤木的衣橱好物充满艺术气息。左边是摄影家大和田良的作品，是最初策划作品展时收到的礼物。上面的蓝皮书是藤木和朋友主办品牌的型录，右下的牛仔裤也是同品牌。NORTH BEACH LEATHER 的古着外套还保留着问世时的韵味，藤木很喜欢。钱包品牌是 SUNSET CRAFTSMAN CO.，朋友是这个品牌的设计师。靴子品牌是 GUIDI，BEAMS 也有售。最近和女儿玩的水枪旁边，是喜欢的书《梵·高的信》。rabbit hole 的苹果形铅笔刀，可以在重要的会议上缓和气氛。

138

梶谷 健太

BEAMS EX 梅田
28岁 / 兵库县西宫市

新婚加新房。在新环境中启航的梶谷其实是BEAMS的名人。他和曾在BEAMS任职的妻子一起在BEAMS的广告中担任视觉模特，出现在海报等很多宣传品上。"在生活中使用喜欢的物品后，就自然而然变成现在的状态了。"二人如是说，他们将心爱之物聚集于此，营造出一处舒适空间。

——生活方式中最重要的主题是什么？
生活中尽量使用天然物品。

——休息日喜欢如何度过？
夫妻二人出去吃饭、喝酒，或是边听喜欢的音乐边喝酒。

——家居内饰的主题和规则是？
不过分强调某种固定的风格，会把各自喜欢的物品按照喜好摆放。

——最喜欢家中哪个场所？喜欢在那里做什么？
两人坐在沙发上一起看电视、聊天，也会在DJ台听音乐。

——家中最珍爱的物品是？
结婚时同事送的artek的凳子。

——正在收集的物品或毫不犹豫就会买下的物品是？
唱片和喜欢风格的T恤。

——有哪些喜欢的家居品牌或商店？
SHARK ATTACK(大阪)。

——请给不收拾房间的人一个建议吧。
就算凌乱也要看起来舒服，有生活感。

——喜欢什么风格的服饰？
喜欢黑人文化，所以喜欢Hip-hop风和街头风。

——喜欢用哪些时尚品牌来打造自己的风格？
Salvatore Piccolo、STILE LATINO、BBP。

——从何处获取关于家居和时装的灵感？比如常读的杂志和书，或者敬仰的人。
Warp、LEON、Men'S EX等，时尚杂志比较多。从小学时就喜欢服饰穿搭，经常看杂志学习。

——今后想要的东西是？
食器柜、桌子。

——简要概括，提升品位需要什么？
从杂志等处学习觉得好看的搭配。

——你的座右铭是？
FRESH。

1.梶谷太喜欢唱片了,甚至有个房间专门用来欣赏唱片。他一有时间就会在这里悠闲地听唱片。2."喜欢黑人文化"的梶谷不知不觉间购买的唱片。3.通往卧室的门是在古董商店购买的。梶谷一直向往在大开间生活,听取了妻子"只区分卧室"的意见,卧室是唯一以墙壁区隔的空间。妻子在墙上贴的贴纸成了房间的亮点。4.房间入口的推拉门和卧室门一样购于古董商店。"504"字样很有韵味。对"不希望住宅拘于定式"的二人来说,更希望新房里的配件和布局等能反映出自己的想法。

MY PRIVATE
WARDROBE

喜欢音乐的梶谷的爱用好物中，除了黑人音乐唱片和磁带，ORIGINAL LOVE 的 CD 专辑外，还有前辈传承下来的便携式录音机 "SHOCK WAVE" 和二手店买的 CD 随身听。SHURE 耳机用来听音乐。眼镜购于白山眼镜店。太阳镜品牌是 OAKLEY，上面原创印刻喜欢的 "FRESH" 一词。常穿的衬衫全部都是古着。帽子品牌是 BORSALINO。鲜艳的蓝色帆布鞋是经典的 CONVERSE。外套是现今很喜欢的 Salvatore Piccolo。

144

朱 薇珊（音译）

BEAMS 台北
29岁／中国台湾台北

南港距离台北市中心三十分钟车程，这里高楼林立。薇珊就和父母一起居住在安静住宅区的一角。"我和父母住在一起，所以客厅、厨房和阳台都充分体现父母的喜好"，在宽敞而时尚的客厅中摆放着有台湾特色的装饰品，彰显品位。对比而言，她的房间是一处以白色为基调，可以平复心情的空间。每天忙碌的她可以在这里得到治愈。

——生活方式中最重要的主题是什么？
可以放松的空间。

——休息日喜欢如何度过？
去看展览、电影，或者和朋友边喝咖啡或茶边聊近况，晚上和父母去附近散步。

——家居内饰的主题和规则是？
就是美国女生房间的样子。用心使用"白"色，白色桌子与喜欢的小物、饰品等很好搭配。

——最喜欢家中哪个场所？喜欢在那里做什么？
床！在床上上网、读书。

——家中最珍爱的物品是？
基本上都很珍爱。特别珍爱的是Hello Kitty的枕头，用了很多年，去日本出差时也会带去。

——正在收集的物品或毫不犹豫就会买下的物品是？
没有收集品，但是看到可爱的笔记本或是文具就会不

假思索地买下来。

——有哪些喜欢的家居品牌或商店?
喜欢美式田园风的家居内饰,但这些在台湾很少见。北欧家具的话crosstyle不错。

——请给不收拾房间的人一个建议吧。
物品使用完,马上放回原位(虽然很难做到)。

——喜欢什么风格的服饰?
没有特别喜欢的,想尝试各种风格造型。非要说的话,喜欢那种保持自然状态的风格。

——喜欢用哪些时尚品牌来打造自己的风格?
穿适合自己的,所以不太重视品牌。

——从何处获取关于家居和时装的灵感?比如常读的杂志和书,或者敬仰的人。
松浦弥太郎的书会放在床边,想看时能马上拿到。最近正在读杂志&Premium。房间布置成美国女生房间的样子。

——今后想要的东西是?
大号的NANCY沙发。

——简要概括,提升品位需要什么?
知道什么适合自己是最重要的!

——你的座右铭是?
好好睡觉,好好吃饭,好好放松。

1.父母精心挑选的石头摆件和陶器成为宽敞客厅的亮点。2.喜欢《100个基本：松浦弥太郎的人生信条》这本书。薇珊也有在日本居住的经历，经常会阅读有关日本生活方式的书籍和杂志。3.无印良品的check list便签贴。管理待办事项和日程时，比起使用电脑，更倾向于手写。4.特别喜欢可爱的文具，经常从台湾的诚品书店和礼拜文房具商店购买。5.喜欢家居杂志&Premium。此外还经常阅读GINZA、POPEYE、BRUTUS等日本杂志。

MY PRIVATE
WARDROBE

右起是 coeur 的帽子，FilMelange 的灰色 T 恤，BEAMS 的半身裙和鞋子，还有很适合夏天、配色可爱的 ayamé 袜子，这是平日基础款搭配。patagonia 的挎包，亮点是很轻，好搭配。轻便结实的 BEAMS 折叠伞，全家三人都会使用。有个大鼻子漫画形象的笔记本购于东京的杂货店。会将琐碎的物品根据其用途收纳和携带。COMME des GARÇONS 的金色钱包作为零钱包用了五年。DELFONICS × CARVEN 的盒子作为名片盒，很喜欢。另外，台湾天气很热，手帕是必需品。

152
根方 基行
根方 芳美

BEAMS HEART 男装总监
BEAMS BOY 生产策划
39岁、42岁 / 东京都杉井区

纯 黑色墙壁，房子四周摆放着大缸等器皿，这是根方家的特色。从古董市场和古品店一件件淘来的日本各地的民艺品摆放在家中，融入了日常生活。"摔坏了的陶器就摆放在室外。小孩子嘛，难免会摔坏东西。"话音未落，顽皮的兄弟俩就开始打闹在一起。可大人们还悠闲地坐在餐桌前。如此不拘小节的氛围，正是根方家最大的魅力。

——生活方式中最重要的主题是什么？
和孩子一起玩（捉虫、去公园、去游泳等），生活中使用手工制品。

——休息日喜欢如何度过？
晨跑 → 扫除、洗衣服 → 和孩子一直玩到傍晚 → 傍晚跑步 → 早点吃晚饭（和邻里一起）。

——家居内饰的主题和规则是？
实用性强，外观好看。

——最喜欢家中哪个场所？喜欢在那里做什么？
在餐厅边喝酒边度过晚餐时光。

——家中最珍爱的物品是？
布鲁诺·马松的餐桌。

——正在收集的物品或毫不犹豫就会买下的物品是？
民艺品相关的古书，缸和瓶等。

——有哪些喜欢的家居品牌或商店？
布鲁诺·马松。

——请给不收拾房间的人一个建议吧。
定期大扫除。

——喜欢什么风格的服饰？
清爽干净的美式休闲。

——喜欢用哪些时尚品牌来打造自己的风格？
sanca。

——从何处获取关于家居和时装的灵感？比如常读的杂志和书，或者敬仰的人。
上司和古品店老板。

——今后想要的东西是？
大沙发。

——简要概括，提升品位需要什么？
去逛许多店，花钱。

——你的座右铭是？
有志者事竟成。一期一会。

1.在有经年使用痕迹的橱柜中,以陶瓷器为主的碗盘叠成一摞。"器皿故意零散购买,没买成套的。没必要大家都用相同的器皿,根据每个时刻的心情去选择吃饭的器皿也挺好。另外,也喜欢不同表情的器皿摆在橱柜里呈现的视觉效果。" 2.每天都用的CHEMEX的咖啡机和咖啡豆等物品,摆放在容易拿到的位置。外观诱人的零食放在篮中收纳,用与日式风格十分相配的北欧风格布料遮盖。3.窗边摆放冲绳的民艺品抱瓶。"抱瓶是用来装泡盛酒的便携酒壶。我会被这种实用、古朴、有手工艺感的物品所吸引。"晴天娃娃从瓶口处探出头来,这也是根方家的独特风格。4.基行最喜欢客厅正对着的楼梯的空间。这里摆放着在日本民艺馆一年一度举办的日本民艺馆展上一见钟情的陶盘和古董线轴等。

156

MY PRIVATE
WARDROBE

（上图）夫妻衣橱好物的共通点就是"蓝色系和牛仔衣物"。喜欢清爽美式休闲风的基行挑选的是 HEINRICH DINKELACKER 的皮鞋、orSlow 的牛仔服、sanca 的衬衫、GOOD WEAR 的 T 恤，还有民艺品相关的古书。芳美说："不知不觉就只穿蓝色了。"她选择的是 orSlow 的 BEAMS BOY 特别定制款牛仔衣、VETRA 的套装、CHACO 的特别定制款凉鞋。（下图）孩子们的衣橱，大部分衣物是从原宿的 BerBerJin 和高圆寺的 SLUT 和 CA. 等古着店购买的。"喜欢古着才有的感觉和图案。孩子长得快，衣服很快就穿不下了，可还是忍不住一件一件地买回来了。"

158
田边 健一
区域经理
38岁 / 千叶县市川市

担 任区域经理的田边每天都在东京都内和近郊的店铺间来回奔走，所以能够悠闲度过的假日时间显得尤为珍贵。骑着珍爱的cinelli公路车沿河岸漫游，或是在房间里品尝心爱的咖啡，用录音机听有些怀旧的20世纪90年代的Hip-hop歌曲……他很珍惜这自由的片刻。客厅作为放松的据点，摆放着极具存在感的汉斯·瓦格纳的名作沙发。坐下来，就开启了一段自己的专属时光。

——休息日喜欢如何度过？
没有安排、独自一人的时间最奢侈。悠闲地做家务、下厨、骑自行车……

——最喜欢家中哪个场所？喜欢在那里做什么？
沙发上。太放松了，有时就会把沙发当床。

——家中最珍爱的物品是？
逐渐添置的家具和手表都有纪念意义。

——正在收集的物品或毫不犹豫就会买下的物品是？
会被20世纪六七十年代的东西和设计所吸引，不论产地。北欧家具、杂货、手表、钥匙链等。

——有哪些喜欢的家居品牌或商店？
喜欢有适度使用痕迹、材质和设计有温度感的六七十年代的物品。没有偏好的家居品牌，但无论知不知名，收集的都是北欧风的家居用品。

——请给不收拾房间的人一个建议吧。
虽然我觉得没有收拾的必要，但若是知道"对自己来说最舒服的房间状态"，就会自然而然想要保持。

——喜欢什么风格的服饰？
我比较贪婪，不挑食，所以没有限定在"某一种"风格上，但我希望能根据自己的心情去搭配，成为从休闲装到礼服各种风格都能驾驭的大叔。

——喜欢用哪些时尚品牌来打造自己的风格？
想不出来。

——从何处获取关于家居和时装的灵感？比如常读的杂志和书，或者敬仰的人。
各种各样的网站，看博客分享比较多。

——今后想要的东西是？
我想要，房子……

——简要概括，提升品位需要什么？
我也想知道……我的话是去关注喜欢的风格和品位之外的事物。

160

1. 田边说："喜欢磁带盒的设计，有让人会心一笑的幽默感。"大量的混音带成为房间的一部分点缀。客厅摆放着如今很少见的双卡式录音机，可以享受数码产品无法表现的音效，别有韵味。2. 餐椅是让汉斯·瓦格纳扬名世界、被世人誉为他的最高杰作的圈椅（The Chair）。还有芬兰家具设计师伊玛里·塔佩瓦拉（Ilmari Tapiovaara）的"法内特椅"（Fanett Chair）。喜欢北欧古董专卖店"13th floor"。3. 客厅的柜子摆满田边的"爱物"。"日常还是喜欢用日本的东西"，这些民艺食器中有出西窑和冲绳的手工品。其中最喜欢冲绳陶艺家山田真万的作品，色彩和造型都很美。此外还收集ROLEX和法国波路梦公司（BOURBON）的钥匙链。4. 厨房的橙色背墙让房间更明艳。

MY PRIVATE
WARDROBE

田边的衣橱好物。从右上起品牌是 EMiLiANO RiNALDi 和 LE PERSONA。田边平时穿衬衫比较多，看起来更喜欢立领设计。右边两列是包里随身携带的物品。钱包是约翰娜·格里森的，平时会收纳一些小东西。记事本、票夹和 PORTER 的收纳包等都是精选之物。田边拥有的 ROLEX 手表中，最喜欢 1958 年 SUBMARINER 5508。他也收集了不少眼镜，平时也喜欢佩戴 OLIVER PEOPLES 的眼镜。HOW TO LIVE 钱包很好用，已经是第二个了，和前一个只有颜色不同。项链是使用 vintage 链子加长改造而成的。左列是 senz umbrellas 的折叠伞和 PORTER 的面巾包，也会放在包里随身携带。

164
古贺 云子

Ray BEAMS 视觉陈列师
34岁/兵库县神户市

"欢迎啊",古贺家的主人以笑容迎接来客,并很快就端出越南咖啡款待前来叨扰的我们。这处以多彩内饰装点的空间里,莫名洋溢着异国风情。也难怪,古贺有四分之一越南血统,丈夫又是越南菜餐厅的老板。古贺家彰显的趣味与二人的开朗相得益彰,营造出一种开心随意的氛围,让人感觉这并不是初次来访。

——生活方式中最重要的主题是什么?
NO VIETNAM, NO LIFE。二人都与越南有缘,所以会以越南风为主。

——休息日喜欢如何度过?
去逛小众景点。

——家居内饰的主题和规则是?
规则就是没有规则。

——最喜欢家中哪个场所?喜欢在那里做什么?
在阳台给植物浇水。聊天聊很久(笑),感觉就被治愈了。

——家中最珍爱的物品是?
丈夫的肖像画。是在法国的圣米歇尔山由一位无名的年轻波兰女画家画的,所以面孔看起来有点西洋风。这点挺好。

——正在收集的物品或毫不犹豫就会买下的物品是?
越南雷克斯酒店(Rex Hotel)的青花瓷。受中国影响的亚洲风格绘画中加入了王冠标志,也有西洋的感觉,这种新奇的设计很吸引人。如今那里已经是五星级酒店,不再销售瓷器了。

——有哪些喜欢的家居品牌或商店?
墨西哥杂货店mano(神户),那里有很多色彩鲜艳的墨西哥杂货,比如马口铁的镜子等。

——请给不收拾房间的人一个建议吧。
我也很理解这种心情,就只收拾能看到的地方吧。

——喜欢什么风格的服饰?
与古着的混搭。

——喜欢用哪些时尚品牌来打造自己的风格?
CONVERSE,特别是高帮鞋。

——从何处获取关于家居和时装的灵感?比如常读的杂志和书,或者敬仰的人。
经常看海外家居博客The Selby。

——今后想要的东西是?
感觉好的窗帘。从两年前就开始琢磨选什么样的了。

——简要概括,提升品位需要什么?
昂首向前走(不是那首歌)。

——你的座右铭是?
危机就是机会。

1.雷克斯酒店的青花瓷是古贺心爱的收藏品,上面西洋风的王冠是点睛之笔。她收集了茶壶、牛奶罐、糖罐等多件瓷器。雷克斯荣升五星级酒店后,就不再销售瓷器了,所以这些成了珍贵的藏品。2.购于非洲杂货铺的三角旗。"只是把喜欢的东西杂乱地摆放罢了",古贺的随意搭配,以绝妙的平衡感让空间更出彩。3.伫立在阳台的观叶植物,多是直接从奈良的农园购买的。4.阳光从客厅的大窗照进来,很舒服。将阿尔瓦·阿尔托的凳子和天童木工的辐条椅(Spoke Chair)等舒适的心爱之物添置为内饰。5.冲绳的容器上摞着书本,书上再摆放观叶植物,从这些有品位的自由搭配中,可以窥见古贺的开朗性格。

168

MY PRIVATE
WARDROBE

古贺特别喜欢 CONVERSE 的高帮板鞋，中意荧光色。粉色的拎包平时上班常用。记事本是记满创意的创意本。香气好闻的 Aésop 护手霜在平日里必不可少。喜欢 CURRENT/ELLIOTT 的牛仔＆背带裤，经常在古着店购买。下半部分是缝制有钱币的阿富汗腰带。正中间的毛线帽是热爱编织的古贺亲手制作的，丈夫也有一顶同样的。此外，还有印第安首饰和出差时随身携带的饰品盒，最近很喜欢的非洲面具摄影作品集等，这些藏品国际化且丰富多彩。

172
土井地 博

公关总监
37岁／神奈川县川崎市

这是一处氛围安宁的低层公寓，不时能听到对面公园里孩子们的欢笑声。土井家位于五楼，客厅和儿童房的对面，是宽敞的露天阳台。双胞胎女儿小学放学后会在阳台说悄悄话。这处令人悠闲放松的空间，也可作为房间的延伸，让生活更加开阔。在家人相伴、自然流淌的时光中，悠然冲一杯咖啡，就像是为整个乐段增添一笔强音。

——生活方式中最重要的主题是什么？
会按每天的心情来，也没有以什么为中心，但希望家中的环境能让孩子们开心生活。之前住在市中心，后来搬到了郊区，临近树木茂密的公园而且交通方便，就是这个原因。阳光也很重要。采光要好，不一定非要高层，但要有好风景和能让人神清气爽的空气。

——休息日喜欢如何度过？
悠闲地待在对面公园里。此外，附近观叶植物充足的商店和美食店也很多，适合休闲放松。还喜欢自驾去远方，海和山都喜欢，这也是假日的休闲方式。

——家居内饰的主题和规则是？
没有定式，或许是希望过被植物环绕的生活吧。

——最喜欢家中哪个场所？喜欢在那里做什么？
在阳台休憩。因为房子被樱树所环绕，春天樱花瓣像绒毯一般时，最适合在此处赏花。

——家中最珍爱的物品是？
louis poulsen的"PH Snowball"和"PH5"古董灯，汉斯·瓦格纳的沙发都很喜欢。

——正在收集的物品或毫不犹豫就会买下的物品是？
会收集微景观生态瓶和多肉植物，虽然不是什么贵重物品。还有就是去国外时会买雪花球。

——有哪些喜欢的家居品牌或商店？
主打北欧家具的talo，还有国外的跳蚤市场。

——请给不收拾房间的人一个建议吧。
如果东西堆得很高，就会感觉压抑，要考虑如何收纳在低的地方。

——喜欢什么风格的服饰？
喜欢所有风格。

——喜欢用哪些时尚品牌来打造自己的风格？
BEAMS。

——从何处获取关于家居和时装的灵感？比如常读的杂志和书，或者敬仰的人。
以 Casa BRUTUS 为首的各类家居杂志，受电影影响也比较多。

——今后想要的东西是？
自行车！

——简要概括，提升品位需要什么？
我觉得，品位＝感性，诞生于五感之中。吃美食，听音乐，看美好的事物，这样就能提升吧。

——你的座右铭是？
有志者事竟成。

1. 这是1958年保尔·汉宁森（Poul Henningsen）设计的名作吊灯，它照亮的墙壁上挂着摄影师Takashi Homma为双胞胎女儿拍摄的照片。成长记录每年增加一张，是任何东西都难以替代的珍贵物品。
2. 两个女儿和平分享一间儿童房。各自的书桌都面向墙壁，这样布局便于他们集中精力学习。窗外是宽敞的阳台，在这里甚至可以骑独轮车。3. 窗边一角摆放着在室内也能茁壮生长的绿植。妻子是包袋设计师，这个角落以DIPTYQUE的室内香薰和蜡烛为中心，闪现着妻子的品位。4. 古董相框中收纳着女儿们小时候的双人照，这是土井地的宝物。波兰的STUMPTOWN COFFEE ROASTERS饮水杯是作为纪念品购买的，中意其设计。

MY PRIVATE
WARDROBE

土井地的衣橱好物以结合当今时代进行改进的经典款衣物为主。白T恤将HANES作为选款的基准，还有sacai、nonnative和BEAMS原创款等，他对各品牌的设计思路也很感兴趣。太阳镜是Ray-Ban的"WAYFARER"，手表是ROLEX的DAYTONA，钱包是SAINT LAURENT，银饰大多使用了十五年以上。运动鞋是VANS × Pilgrim Surf + Supply。短裤有GRAMICCI × nonnative的登山裤、ENGINEERED GARMENTS的军工短裤，Levi's®的vintage 牛仔裤穿了很久。此外，《视觉》(*VISIONAIRE*) 杂志、斯蒂芬·肖尔 (Stephen Shore)、山姆·哈斯金斯 (Sam Haskins) 的摄影作品集，多是反复翻看的作品。

180
和田 健二郎
造型总监
44岁／东京都世田谷区

采访时，在受访人的家中常被询问："还会去哪些人的家？"此时我们就亮出王牌，说："和田家。"闻言，每位BEAMS员工都会感叹："啊，是那个特别讲究的和田家吗？"和田家，是从舒适感到空间美感的追求全部实现的恩赐之物。家具、照明，甚至连厨房瓷砖都经过严选，每件物品都作为统一空间的一部分。这是一处独一无二、令人心生向往的住宅。

——生活方式中最重要的主题是什么？
敞亮的空间。

——休息日喜欢如何度过？
天气好的日子去喜欢的屋顶露台休息放松。

——家居内饰的主题和规则是？
连墙壁、瓷砖、开关、香皂这些细节都会讲究。会充分考量比对，直到找到心仪的物品，不会匆忙买个东西应付。

——最喜欢家中哪个场所？喜欢在那里做什么？
当然是客厅，在沙发床上偷懒。

——家中最珍爱的物品是？
vintage等有使用痕迹的"有韵味的家具"。塔皮奥·维卡拉（Tapio Wirkkala）设计的桌子等物品寻找了近一年，克服种种不便才买到，目前正在等待发货。

——正在收集的物品或毫不犹豫就会买下的物品是？
中东以及亚洲、非洲其他地区的民族服饰，布品。会被孤品和当代罕见的施以烦琐手工装饰和刺绣的服装和布品吸引。特别是"3·11"大地震后，比起容易破碎的器物，我更加关注布品！

——有哪些喜欢的家居品牌或商店？
Playmountain（千驮谷）、Swanky Systems（大阪南堀江）。

——请给不收拾房间的人一个建议吧。
不要摆放没用的东西。

——喜欢什么风格的服饰？
将基础款的衣物穿得新鲜、与众不同。

——喜欢用哪些时尚品牌来打造自己的风格？
Scye、COPANO、Yo's Yo。

——简要概括，提升品位需要什么？
不要只看事物本身，要从不同的角度看事物。

——你的座右铭是？
击球，踢球，投球。

1.厨房墙壁的瓷砖是从旧金山老牌陶器厂商HEATH CERAMICS定制的。不时有带刻印的瓷砖掺杂其中,让人心情很好,微妙的深浅变化韵味悠长。HEATH CERAMICS的厨房用品在BEAMS也有售,和田家也有很多。2.和田喜欢阳台,休息日多会邀请朋友来此处烧烤聚会。3.大正末期的橱柜里,满满收纳从全国各地买来的各种陶瓷器。除了冲绳陶器、枥木益子烧等,还有九州陶瓷器,体现出九州人和田的身份。待客的物品一应俱全,怪不得来客总是很多。4.地板全部换成橡木。从走廊通往客厅的门旁,看似随意地摆放着绳结门档。居室里以知名的设计师座椅为首,民艺品与中世纪风相融合,装点出舒适的空间。

186

MY PRIVATE
WARDROBE

（左图）和田收藏的阿富汗和中国的民族服装。男女老幼皆宜，制作工艺十分讲究，充分运用各国传统技法的编织图案很美。（右图）中间是搬过来时，从房中配套的盥洗台切割下来材料制成的案板，还有在伦敦购买的 DAVID MELLOR 餐具。上方是美国制 Ray-Ban 太阳镜。左边是 STAUB 煮锅。下方是冲绳读谷烧的陶壶。中央下方是小鹿田烧的酒壶，旁边是鹿儿岛、丹波、栃木等来自各地艺术家之手的烧酒杯。上方是鹿儿岛的黑茶花酒器。和田的爱好是拳击，时常戴着右边的拳击手套练习。L.L.Bean 的包是上班时用的，久经使用后别有韵味。

188
大关 章宽

WEB制作科
35岁 / 东京都町田市

大关喜欢户外活动。在和室中搭起了MOUNTAIN HARDWEAR的帐篷，周末会和孩子们睡在帐篷中。"享受棒球和冲浪，买来食材在家中做饭，全家围坐在餐桌旁。这对我来说就是最好的假日。"采访这天用来款待客人的也是他亲手制作的乌冬面。从面团开始做起，认真而温馨的时光充满了整个生活。

——生活方式中最重要的主题是什么？
简洁。

——休息日喜欢如何度过？
用冰箱剩余食材烹制自己想吃的食物和想让家人吃的食物。

——家居内饰的主题和规则是？
或多或少会注意色彩与整体的平衡和设计，基本上只买那些觉得"很好！"的物品。重视外观。

——最喜欢家中哪个场所？喜欢在那里做什么？
客厅。在电视机前边和孩子们玩，边慵懒地看棒球比赛。

——家中最珍爱的物品是？
PLYCRAFT的休闲椅。

——正在收集的物品或毫不犹豫就会买下的物品是？
没有专门收集什么。

——有哪些喜欢的家居品牌或商店？
位于美式餐厅"BUBBLE OVER"的停车场里的一家杂货店。

——请给不收拾房间的人一个建议吧。
不要囤积东西。

——喜欢什么风格的服饰？
三年后也能穿的简洁款。

——喜欢用哪些时尚品牌来打造自己的风格？
以Levi's®为首的牛仔服饰。

——从何处获取关于家居和时装的灵感？比如常读的杂志和书，或者敬仰的人。
海外的SNS，Instagram、Pinterest、Fancy等。

——今后想要的东西是？
一套All-Clad的锅具，能放在庭院里的烧烤架。

——简要概括，提升品位需要什么？
获取信息的能力。

——你的座右铭是？
内心改变行动，行动改变习惯，习惯改变人格，人格改变命运。

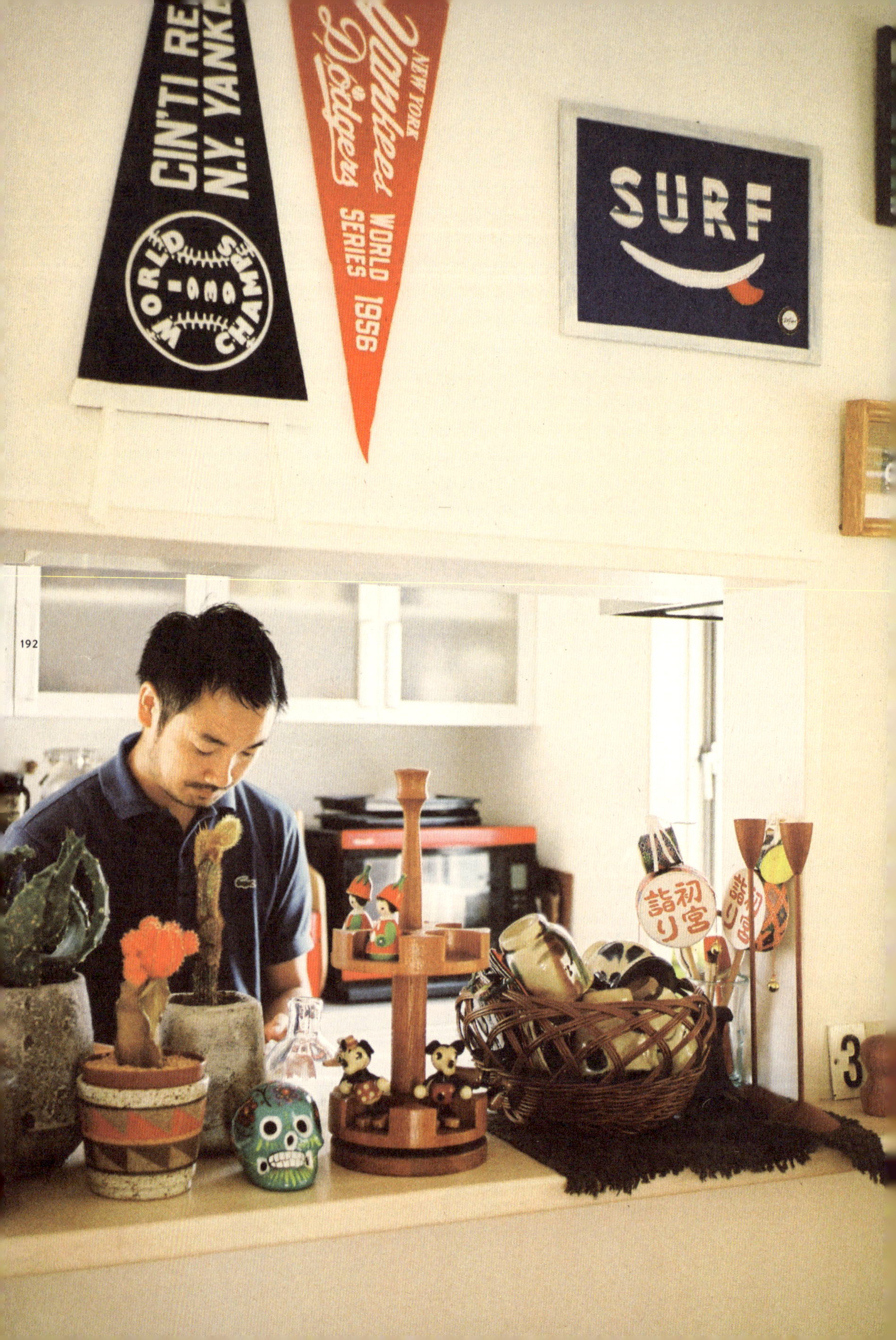
CIN'TI RE
N.Y. YANK
WORLD CHAMPS
NEW YORK
Yankees
Dodgers
WORLD SERIES 1956
SURF
初宮
詣り
3

192

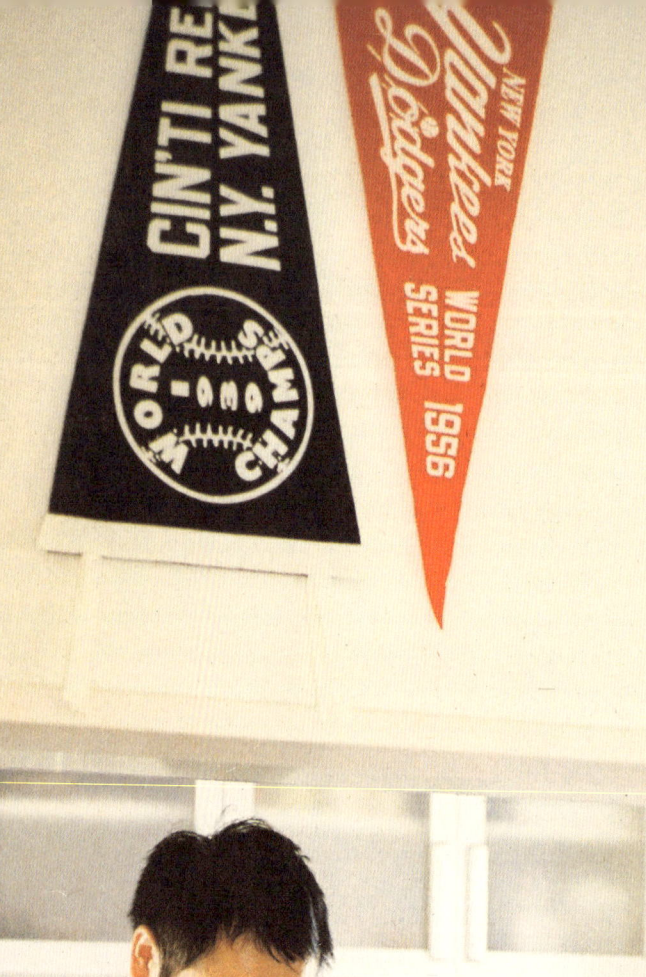

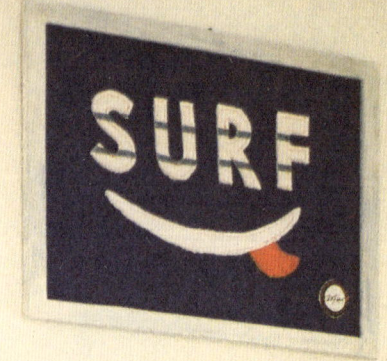

1.楼梯旁的窗边摆放着多肉植物和仙人掌等。利用极具设计感的空罐和饭盒作为花盆，正是大关的一贯风格。2.这把 vintage 椅子是大关入职 BEAMS 后，在初次出差时去加州棕榈泉购买的。"虽然喜欢，但运输也要花钱，觉得很难入手。正要放弃时，设乐社长却说'如果家里有张在棕榈泉邂逅的椅子，应该会感触良多吧'，还帮我筹款。同事们也都帮忙，我才能够把它搬到机场。这是非常有纪念意义的一件物品。"3.楼梯旁挂着使用 marimekko 的 vintage 布料制作的拼布作品，摆放着伊玛里·塔佩瓦拉的凳子、冲绳的蕨藤筐、购于洛杉矶玫瑰碗跳蚤市场的鼓和非洲置物盒等。4.客厅沙发均来自天童木工。皮质单人沙发摆在窗边，使用越久，越有韵味。

MY PRIVATE
WARDROBE

大关喜欢的户外装备,好用自不必说,外形好看才是重点。"正因为是在户外使用,所以要好看才能显得时尚。这样不但开心,而且食物也会感觉更好吃。"端荷兰锅用的耐热手套品牌是 LODGE,INVICTA 的小包用来放调味料。有 BEAMS 标志的水瓶也可以盛放意面和大米等,便于携带。锅具品牌是 LE CREUSET,厨具套装是收纳不占空间的 MSR,蓝色容器是 GSI OUTDOORS 的,刀具是 OPINEL 的。BawLoo 的三明治烤夹可以烤肉等,每天都能派上用场。

196

铃木 修司

B:MING LIFE STORE 买手
38岁/神奈川县镰仓市

铃木家被镰仓所特有的"谷户[1]"地形所守护。铃木像是受到神灵指引来到这片土地,房屋是与在镰仓市内都很有名的工匠一起建造的,大量应用了日本古已有之的建筑技法和样式美感。眺望能感知四季变化的庭院,同时能感受到手工的温度。这处让铃木不吝浇筑热情的空间,融合了现代与传统,正如民艺活在当下的姿态。

——生活方式中最重要的主题是什么?
认真生活,食物和酒,日本各地和全世界的手工艺品。

——休息日喜欢如何度过?
全家悠闲吃早餐→打理庭院(主要是拔草)→去山上或海岸沿线跑步(为了自在地吃美食)→午餐→全家出游。或者是陪孩子玩→早点吃晚饭以及喝小酒→早睡。

——家居内饰的主题和规则是?
配置家具和日用品时,让自己被美丽的手工艺品和充满家人回忆的物品所环绕。尽量充分利用墙面,确保居住空间。

——最喜欢家中哪个场所?喜欢在那里做什么?
二楼铺木板的客厅正中或一楼的和室。天气好时尤其棒。

——家中最珍爱的物品是?
陶瓷器、玻璃杯、筐子。

——正在收集的物品或毫不犹豫就会买下的物品是?
陶瓷器和筐子。

——有哪些喜欢的家居品牌或商店?
MOYAI工艺。

——请给不收拾房间的人一个建议吧。
如果觉得一时用不上的话,就算勉强自己也要放手。

——喜欢什么风格的服饰?
简洁但有意义(或有故事)的款式。虽然设计和细节也很重要,但我更看重颜色和材质。

——喜欢用哪些时尚品牌来打造自己的风格?
fennica,虽然也是BEAMS内的品牌。

——从何处获取关于家居和时装的灵感?比如常读的杂志和书,或者敬仰的人。
这就要说到手工艺和文化了,我视为师长的是镰仓"MOYAI工艺"的老板久野惠一先生。

——今后想要的东西是?
最新款的智能马桶盖。

——简要概括,提升品位需要什么?
在日本、在世界各地旅游,接触各种文化。

——你的座右铭是?
为之则事成,不为则事存;若事尚存,乃因无人为之(上杉鹰山)。

1 丘陵地带被侵蚀而成的山谷状地形。

1.铃木拿出来的是自己绘制房子布局时用的方格纸。在镰仓找到土地,从岐阜的飞驒高山购买木材,之后花了约半年时间建造这所房子,铃木开心地讲着其间的逸事。房子的每一处对他而言都有纪念意义,能感受到他对房子的深切爱意。2.从厨房的窗子可以一望镰仓悠闲的住宅区和自然景色。镰仓的气候冬暖夏凉,要说居住的舒适度无处可比。3.玄关前气派的石阶是和朋友一起一块块铺设的。为确保外墙木材经久耐用,涂有最先进的漆料。"虽然看起来像老宅,其实处处都使用了现代技术。"4.从客厅爬梯子来到隔层,能看到一排大型器皿。这个家中最讲究的,当数融合了不同尺寸不同种类木材,以"朝鲜样式"铺设的地板。在朝鲜的古建筑中经常能看到的技法,如今却因太费时间被敬而远之了。细心铺设的地板令人感到手工的温度。

MY PRIVATE
WARDROBE

这里摆放着铃木甄选的与手工相关的物品，主题是"让传统的物品在日常生活中也能使用"。他将日本乃至世界各国从古代传下来的物品应用在日常生活中。右上是个人定制的 INVERALLAN 毛衫，使用羊毛本身的颜色。非洲布料的短裤和老挝的手织丝绸材质的半袖衬衫都是世上独一无二的。手工草帽品牌是澳大利亚的 Mühlbauer。古老的中国黄铜鞋拔、冈山县仓敷玻璃生产的饰品、使用富山县桂树舍的型染和纸制作的印章盒和卡盒、种子岛的剪刀等，身边常用物品也是使用各地传统材料制作的。很喜欢佐贺县的有田烧和冲绳的马克杯，每天都在用。印度 swaraj mainee 的围巾下方的外套和领带是在岩手县蚁川工房私人定制的，这是铃木唯一一套使用最高级材质的衣服。

很容易想象这间开放式的客厅中处处欢笑的情形。老房特有的氛围与现代家居充分调和。矢野说:"选择了伦敦代表性艺术家的作品装饰墙面,因为我和老公都深受街头文化的影响。"即便长大成人,也会把自由尖锐的伦敦街头感和倔强的反骨精神作为心灵的支柱,好好展现在某处。

——生活方式中最重要的主题是什么?
有温度和阳光的生活。

——休息日喜欢如何度过?
做瑜伽或芭蕾让身体活动起来,去鲜花市场或附近的公园。之后读个书,或是和老公两人做菜。每天都忙得连轴转,所以会很珍惜周末的慢时光。

——家居内饰的主题和规则是?
主题是"Vintage Modern"。英国的生活让人学会"如何让'Old and New'平衡共存"。这处建于19世纪初的建筑虽然进行过翻修,但那些传承自旧时的好物都还留着。

——最喜欢家中哪个场所?喜欢在那里做什么?
客厅、餐厅、厨房。经常和很多人聚餐,喜欢边烹饪边看着大家说说笑笑。

——家中最珍爱的物品是?
从日本带过来的日式食器。有许多从日本购买的,或是从母亲或祖母那里继承下来的器物,很有纪念意义。这些器物每天都会提醒我"生为日本人真好啊"(笑)。

——有哪些喜欢的家居品牌或商店?
shizen(东京)、Heal's(伦敦)。

——喜欢用哪些时尚品牌来打造自己的风格?
JOHN LAWRENCE SULLIVAN、ALEXANDER WANG、BLK DNM、TOGA、Acne Studios、Theyskens' Theory、ÊTRE CÉCILE、SOPHIE HULME。

——从何处获取关于家居和时装的灵感?比如常读的杂志和书,或者敬仰的人。
VOGUE JAPAN、LOVE MAGAZINE、《花椿》、《民艺》(特别是旧刊!)等。我觉得有文化的知性人物,很擅长使用空间和服饰来表现自己的内心世界。其中心灵很美的帅气女性正是我所憧憬的人。

——简要概括,提升品位需要什么?
经常接触新事物磨砺心灵。去接触与自己住在不同世界的人。

——你的座右铭是?
不愿辛劳,收获就少,好运正寄于辛劳中。
活在当下,放肆任性地做自己。

1. 这些都是矢野回日本时小心地带来的日式食器。看到工匠们的精湛手工艺，就会提醒自己要认真对待生活。摆放在白色和木纹结合的简约厨房中，日式食器的深色调会成为整体的点睛之笔。2. 卧室里摆放夫妻二人的结婚照。自然抓拍，就像黑白电影中的片段。壁纸是小提琴形状的图案，或许可以让音乐入梦。3. 浴室里，笔直线条的极简设计中也能感觉到木质的柔和。摆设喜欢的香薰和花束，为打造更放松的环境处处用心。4. 走廊尽头的空间摆放着矢野的祖母喜欢用的老药箱和朋友的涂鸦艺术作品。这是个新与旧、东方与西方完美协调，颇具玩心的空间。

209

210

MY PRIVATE
WARDROBE

矢野的衣橱好物。（右图）从左上方起顺时针顺序依次是 BLK DNM 的皮夹克、MIU MIU 的船鞋和 SOPHIE HULME 的皮质托特包。矢野有很多牛仔单品，WHISTLES 的男友风牛仔裤是必穿款。需要盛装打扮的特殊日子会穿 Ray BEAMS 的纱裙。此外还有 SEE BY CHLOÉ 的铆钉皮鞋、& Other Stories 的漂亮蓝色短裙、CHARLOTTE OLYMPIA 的红色缎面船鞋、ASOS 的腰带、ÊTRE CÉCILE 的针织衫、NIKE 的运动鞋和 SOPHIE HULME 的信封包。（左图）喜欢大型珠宝，能让简单造型更具品位。左下是 SHOUROUK，中下方是 EK THONGPRASERT 的项链。大号太阳镜品牌是 Christian Roth。此外，还有别人赠送的心爱首饰。

212
佐藤 尊彦

🏠 | 👫 | 媒体运营 PR 经理
　　　　43岁/东京都涩谷区

紧邻大路的辅路上，可以看到一处具有现代感的、比较高的独栋住宅，直线型设计中恰到好处地运用了木材。佐藤说："不喜欢无法享受空间的房子，我觉得住在这里应该挺有趣。"向上延伸的旋转楼梯连通五个楼层，客厅中的大窗三面采光，书房位于二楼与三楼之间，在这里，空间本身就能够为生活带来愉悦。家具经受时间洗礼也不会褪色。去选择、传承、品味自己喜欢的物品。这种生活令人向往。

——生活方式中最重要的主题是什么？
舒适度。生活方便很重要，包括通勤距离在内。

——休息日喜欢如何度过？
去画廊、美术馆、艺术活动，也经常为看演出去外地旅游。旅游时接触当地文化，特别是饮食文化，是一大乐事。

——家居内饰的主题和规则是？
和身为摄影师的妻子一起，花时间慢慢挑选自己觉得美好的、可以传承的物品。

——最喜欢家中哪个场所？喜欢在那里做什么？
在沙发床上闲躺着或读书。

——家中最珍爱的物品是？
艺术作品，艺术和时尚相关的书籍杂志。

——正在收集的物品或毫不犹豫就会买下的物品是？
作家的签名书。

——有哪些喜欢的家居品牌或商店？
近几年，我再次痴迷于自己十几岁时就开始接触的MEMPHIS。

——请给不收拾房间的人一个建议吧。
我倒希望有人来给我建议。

——喜欢什么风格的服饰？
现代感的造型。

——喜欢用哪些时尚品牌来打造自己的风格？
没有特定的。我喜欢有创意的基础款。

——从何处获取关于家居和时装的灵感？比如常读的杂志和书，或者敬仰的人。
过去的文献。艺术、时尚、家居、设计等。

——今后想要的东西是？
庭院、树木、涌泉、河流。我希望在人造物与自然相协调的环境中生活。

——简要概括，提升品位需要什么？
按自己的喜好生活。将这个喜好追求到极致。

1.佐藤对设计和艺术的造诣也很深,拥有很多艺术家的作品。"这是英国现代艺术家组合吉尔伯特与乔治(Gilbert & George)的作品。在30多岁时,我还收集了很多包含了男人特有的幼稚和幽默感的艺术品,比如村上隆的作品。"2.旋转楼梯的背面还藏着小小的玩心。用动物标本形状的磁贴将美术馆展览传单贴在上面,以免漏看。3.位于三楼的卧室尽可能少放物品,注意简洁。客厅也一样,佐藤说大窗的采光非常重要。"宽敞的窗口让人感觉和外部连通,这点很关键。还有小天窗,因为太明亮了,有时会被晃醒(笑)。"4.摆放在厨房中的杂物好用且有设计感。"会被那些可以看出工匠特色和能感觉到新视角的物品所吸引。"照片前方是漂亮的白色南部铁器的茶壶,日常经常使用。

MY PRIVATE
WARDROBE

佐藤的衣橱好物。整齐摆放的大量衬衫十分壮观。"单纯喜欢衬衫,不知不觉就这么多了。特别喜欢英国生产的衬衫,破了也舍不得扔掉。"右下方的英国制粉色条纹衬衫的品牌是GARRICK ANDERSON,旁边是Wrangler的vintage品。年代和产地各异。照片中间是马里奥·索兰提(Mario Sorrenti)、彼得·费什利与大卫·魏斯(Peter Fischli & David Weiss)、布鲁斯·韦伯(Bruce Weber)等知名艺术家和摄影师的签名书籍。佐藤说看到签名书就一定会买,因为上面留有喜欢的艺术家的痕迹。旁边是混搭设计,很有艺术感的玻璃杯是HERMÈS的h(petit h)。"对可持续想法的趣味和新颖的价值观能够产生共鸣。"还有雷鬼音乐的七寸黑胶唱片、共济会的古董品餐盘,Church's的鞋子等。这些精选品从艺术到时尚、文化广有涉猎,显示了佐藤的渊博知识和广泛爱好。

220

桥本 直久

BEAMS 梅田
39岁 / 广岛县广岛市

黄色照明灯光营造出恬静的氛围，令人心安。房间里统一使用浓重色调，起调和作用的是赏心悦目的动植物形状的摆件和观叶植物。最引人注目的是无间隔摆放的椅子和灯具，大部分都是阿尔瓦·阿尔托等北欧设计师的作品。"难得买东西，所以想买正品。"

这是一个装满了桥本倾心之物的空间。

——生活方式中最重要的主题是什么？
被喜欢的物品、喜欢的设计所环绕。

——休息日喜欢如何度过？
散步（有时会带上相机）、看电影、旅行。

——家居内饰的主题和规则是？
平衡搭配直线、曲线和角度。

——最喜欢家中哪个场所？喜欢在那里做什么？
躺在沙发上看电影。

——家中最珍爱的物品是？
芬·尤尔(Finn Juhl)设计的45号椅。

——正在收集的物品或毫不犹豫就会买下的物品是？
法国波路梦公司的古董钥匙链。

——有哪些喜欢的家居品牌或商店？
artek。

——请给不收拾房间的人一个建议吧。
倒希望别人给我建议呢(笑)。

——喜欢什么风格的服饰？
基本上喜欢定制款，会比较注重当时的心情。

——喜欢用哪些时尚品牌来打造自己的风格？
不会以品牌决定。

——从何处获取关于家居和时装的灵感？比如常读的杂志和书，或者敬仰的人。
进入视野的物、事，一切。

——今后想要的东西是？
汉斯·瓦格纳的JH701餐椅、J16摇椅。

——简要概括，提升品位需要什么？
应该是要对任何事都抱有兴趣吧。

——你的座右铭是？
流水不腐。

1.随着气流轻晃的海鸥和游艇挂件是发源于丹麦的 FLENSTED 公司的商品。把它们悬挂在餐厅的天花板上,看着它们晃动就能让心情放松。2.这是桥本夫妇结婚的第四年。平时二人会坐在沙发上喝咖啡或是看电影。很珍惜在家中放松的时间。每年旅行一次,主要去法国和柏林。3.约翰娜·格里森的餐垫以芬兰传统手工艺编织。artek 创始人的孙女约翰娜是唯一能够编织阿尔托织物的人。桥本家常用的不只有这个餐垫,还有凳子。4.原本在丹麦大使馆使用的外交官椅,与富山县生产的越中和纸材质的椅垫十分搭配。"和洋混搭,不过分规整的搭配为空间增加了一些余裕感。"

MY PRIVATE
WARDROBE

桥本喜欢旅行,这些相机藏品都是他的好搭档。其中有三部徕卡相机。左上是刚买来替换之前相机的"M9-P",中上是最喜欢的便于携带且适合抓拍的"X1",下方是不占空间的"D-LUX5"。右上的白色相机是女主人专用的OLYMPUS "EP1",按下快门时的手感很棒。下方是FUJIFILM 的 NATURA CLASSICA,怀旧感满分。桥本对相机的兴趣,源于摄影师亨利·卡蒂埃-布列松(Henri Cartier-Bresson)的《思想的眼睛:布列松论摄影》(*L'Imaginaire d'après nature*)这本书。BEAMS 特别定制款的 DOMKE、PORTER 相机包也会相伴旅途。

228

青野 贤一

冊 | 男 | BEAMS创造研究所 创意总监/
BEAMS RECORDS 总监
46岁/东京都目黑区

这是一处只汇集精选好物的特殊场所，但主人却说没有统一的主题。"如果划定范围，就很难从中跳出来。没有限制的话，就能实现自由。"没有束缚，就可以通往更广阔的世界。椅子、唱片、艺术品，还有无数的书籍。青野将这个房间中的各个物品协调搭配，并等待那些知性的、无形的新联系。令人心情激动的日子就此开始。

——生活方式中最重要的主题是什么？
没有特别的。只是按喜好布置喜欢的东西。

——休息日喜欢如何度过？
不一定，不去办公室时，大多在家里写写稿子，或者看资料。

——最喜欢家中哪个场所？喜欢在那里做什么？
醒的时候基本都在客厅。

——家中最珍爱的物品是？
难分伯仲。

——正在收集的物品或毫不犹豫就会买下的物品是？
也不算收藏。工作相关的物品，书籍和音乐软件比较多。

——请给不收拾房间的人一个建议吧。
我也不收拾啊。

——喜欢什么风格的服饰？
很容易喜欢普通中有过人之处，或者设计感比较强的物品。

——喜欢用哪些时尚品牌来打造自己的风格？
没有特别固定的。

——从何处获取关于家居和时装的灵感？比如常读的杂志和书，或者敬仰的人。
没有特定的，但对涩泽龙彦的家特别着迷。

——今后想要的东西是？
还想要一间屋子。

——简要概括，提升品位需要什么？
建议先去多看一些"真品""原创的物品"。

1.玄关前用作帽子架的衣架,购自巴黎的圣旺跳蚤市场(Marché aux puces de St-Ouen)。家居内饰多为偶然间看到就喜欢上的物品。2.青野常在家中写稿,客厅的桌子是他的专属位置。从客厅的窗子能望见东京塔,这也是当初选择此处房子的原因。3.青野也做DJ,还在乐队中做鼓手。整个房间用来放置唱片和乐器。"与其说是房间,不如说是个置物间(笑)。"4.房间中到处堆放着书籍,对此青野说"并没有刻意收集,不知不觉就多了"。放在谱架上的《白雪公主》(右图)由宇野亚喜良绘制,种村季弘翻译,是他很喜欢的一本书。5.玄关旁也摆放着喜欢的艺术作品和陶器来迎客。进入玄关的瞬间就能感受到青野的世界观。

MY PRIVATE
WARDROBE

这里摆放的是对青野产生影响的作品和青野参与制作的物品。右上是插画家 ancco 的作品，左起第二个是前田 hisae 的作品。也常去个展上购买。*Eureka* 杂志武田百合子特辑和高桥幸宏特辑的考证资料都是由青野撰写的。高桥幸宏是将他引入音乐和时尚领域的人。此外，还有梦野久作的《恶魔祈祷书》、乔·斯坦菲尔德（Joel Sternfeld）的摄影作品集和丸尾末广的《少女椿》。中央的 CD *Music For Reading From BEAMS RECORDS* 是青野"读书时听的音乐"。青野以此为主题，从 BEAMS RECORDS 的音源中选曲，连 CD 封面和内容说明都是他亲手制作的。皮埃尔·莫里尼（Pierre Molinier）的作品集、霍斯特·詹森（Horst Janssen）的 *phyllis*，"虽然有点吓人，但喜欢其中美好的世界观"。青野也很喜欢赛日·甘斯布（Serge Gainsbourg）的七寸黑胶唱片盒。

236
青木 则子

纽约事务所
美国布鲁克林威廉斯堡

威廉斯堡作为近年来布鲁克林最热门的街区，是艺术家和创意工作者的聚集地。青木家位于被绿色环绕的宁静一隅。今年春天爱犬爱玉去世，房间里爱犬的遗物、vintage家具和父母传承下来的民艺品散见各处，演绎出这处柔和、有温度的空间。

——生活方式中最重要的主题是什么？
也没有特别的主题，只是把自己喜欢的物品汇集到一起，自然而然就这样了。我很珍惜老物件，喜欢有温度的物品。我还会在车库旧货摊上买家具。

——休息日喜欢如何度过？
打高尔夫，或者去位于卡茨基尔的朋友的山庄。喜欢在大自然中和狗狗一起悠闲度过。

——家居内饰的主题和规则是？
属于无国籍的折中主义。喜欢素色，不拘时代和样式。座右铭是：搜集喜欢的物品，让它们具有实用性。

——最喜欢家中哪个场所？喜欢在那里做什么？
宁静的卧室。在那睡觉或是发呆。

——家中最珍爱的物品是？
今年春天去世的爱犬爱玉的遗物和从父母那里继承的古董和民艺品。李朝的衣橱、以整张榉木板制成的托盘等，都很珍贵。

——正在收集的物品或毫不犹豫就会买下的物品是？
自己没觉得在收集，别人送的兔子形状的小物倒是攒了不少。

——有哪些喜欢的家居品牌或商店？
位于威廉斯堡的一家名叫RePOP的vintage家具店。店里有许多有品位的中世纪风物品。

——请给不收拾房间的人一个建议吧。
别放脏东西。把应该摆放的物品放在应该摆放的位置。不把厨房里的杂物放在卧室。勤扫除。

——喜欢什么风格的服饰？
要看当时的氛围和天气。不喜欢太板正精致的衣服，会打造些许跳脱感，比如连衣裙故意搭配休闲鞋，等等。

——喜欢用哪些时尚品牌来打造自己的风格？
Boy.By BAND OF OUTSIDERS、ENGINEERED GARMENTS、3.1 Phillip Lim、J.CREW。

——从何处获取关于家居和时装的灵感？比如常读的杂志和书，或者敬仰的人。
在某些地方看到的情景，旅行时去过的场所，个人经营的小店，包括饮食店等。

——今后想要的东西是？
四驱车，纽约下雪时需要……另外我喜欢山，所以四驱车很方便。还想要个新沙发。

——简要概括，提升品位需要什么？
我觉得站在自己的好恶之外去看待"被称为一流的物品或是被人称赞的物品"才最重要。在舞台和艺术、电影、饮食中的体验也可以打磨提升自己的品位。

——你的座右铭是？
顺其自然是我生活的座右铭。

1. 客厅镜子周围的摆件很简洁。置物盒是朋友所赠，形状是幻想中的动物，鹿角兔身的"鹿角兔"。2. 坐在沙发上读杂志和书籍，是轻松一刻。客厅采光很好，给人感觉非常舒适。3. AREAWARE 的狗狗靠垫，以时尚摄影师布鲁斯·韦伯的爱犬为原型。4. 虽然不拘于名牌，但日常使用的是 HERMÈS 的帆布托特包。搭配胸花，十分可爱。

241

MY PRIVATE
WARDROBE

青木的衣橱好物。她日常会穿衬衫和牛仔衫，当季多会搭配运动鞋和木鞋。日常用品有 3.1 Phillip Lim 的太阳镜和用作化妆包的笔袋，朋友从秘鲁带回的纪念品钱包。父亲送的 ROLEX 手表和 Brooks Brothers 的钱包。钱包经常使用男款，简洁实用。朋友送的小熊吉祥物挂在钱包上，增添一丝可爱。竹制的安全别针一般被用来别百褶裙。HENRY BEGUELIN 的鳄鱼皮钥匙链上是家门钥匙和车钥匙。

石井家是一处新建房屋，外观有两种色调，彰显时尚。宽敞的庭院将房子环绕其中，有很多珍奇植物，都是园艺师男主人倾注爱意精心培育的。孩子欢快奔跑的欢笑声响彻庭院。进入房子的主厅，大窗中吹进凉爽的风，是能让人放松的一处空间，主人说"很喜欢这种开放感"。在绿色植物的包围下无拘无束地生活，是如此美好而舒适！

——生活方式中最重要的主题是什么？
早起、好好吃早饭。

——休息日喜欢如何度过？
老公是个行动派，是那种尽情享受假日的类型，大多会早起远行。

——家居内饰的主题和规则是？
使用清爽配色和注意收纳，营造敞亮的感觉。

——最喜欢家中哪个场所？喜欢在那里做什么？
天气好的日子，就在外面读书或玩滑板。

——家中最珍爱的物品是？
橄榄树，梦里寻它千百度。

——正在收集的物品或毫不犹豫就会买下的物品是？
奇怪的植物和比较好养的空气凤梨。

——有哪些喜欢的家居品牌或商店？
THE CONRAN SHOP、SOLSO FARM等。

——请给不收拾房间的人一个建议吧。
我也想知道啊（笑）。

——喜欢什么风格的服饰？
喜欢精致华丽的物品，但也喜欢简洁雅致的物件。不固定啊（笑）。

——喜欢用哪些时尚品牌来打造自己的风格？
ERDEM、SOPHIA 203。简洁的就是T by ALEXANDER WANG。

——从何处获取关于家居和时装的灵感？比如常读的杂志和书，或者敬仰的人。
熟人的家和国外的商店等。家居设计师保拉·纳沃内（Paola Navone）打造的空间。

——今后想要的东西是？
沙发。

——简要概括，提升品位需要什么？
反复经历失败。反复经历小失败，就可以打磨提升品位。

——你的座右铭是？
笑口常开福自来。

1. 穿过和室就是宽敞的外廊，天气好时摆放椅子，就是一处可以让全家人放松的舒适空间。使用没有边框的大窗，外廊和室内保持相同的高度，都是为了让房间看起来更开阔。此处花费的心思让人难以忽略。2. 当初考虑将楼梯下方的空间用于收纳，但后来还是下决心让这里保持空无一物，连通室外。自然光照进来的白天和有射灯的夜晚，空间的样貌会有所不同。"不过分被收纳需求束缚，出乎意料地得到了扩充空间的效果。"3. 石井引以为傲的庭院，庭院中以橄榄树为主，还有喙丝兰等男主人喜爱的珍稀植物。植物也是重要的家庭成员，"照顾这些植物，希望能和它们长久相伴"。房屋后面还有开阔的田地，种植男主人工作中会用到的树木。4. 在象征着"开放感与收纳空间"的二楼客厅的休憩时光。客厅中留设的儿童区也体现出石井家是如此其乐融融。

MY PRIVATE
WARDROBE

石井的衣橱好物。她日常穿着多为休闲风，而这些衣装却如此华丽优雅。它们都来自英国时装品牌 ERDEM，石井"喜欢其独特美丽的花朵图案"，柔顺而有光泽的丝绸材质，充满柔美感。装点周围的饰品是 SOPHIA 203，刺绣纤细、图形可爱，十分受欢迎。胸针、戒指和化妆包等可以作为可爱点缀的饰物种类繁多，所以不知不觉买了不少。"各品牌的新品我都会关注，每季都会发现自己喜爱的。"

252
桥本 仁美

BEAMS 阿倍野
38岁/奈良县奈良市

有温度的木质内饰中，静静摆放着简洁的布品、可爱的小物和绿植。桥本家被一片柔和氛围所环绕，这种氛围流露在玄关迎客的植物上和丽莎·拉森的摆件中。长子将WOODNOTES地毯上的纹路当作道路，摆上玩具车玩耍。桥本夫妇微笑着看看这场景。在这处北欧风住宅中，依稀可见理想家庭的画像。

——生活方式中最重要的主题是什么？
全家都感到舒适的空间。

——休息日喜欢如何度过？
和朋友在家聚会，去近处两日游。

——家居内饰的主题和规则是？
喜欢木质，喜欢北欧，喜欢民艺，家居就是基于这些，但目标是希望更清爽。

——最喜欢家中哪个场所？喜欢在那里做什么？
坐在矮椅子上发呆。

——家中最珍爱的物品是？
都很重要。

——正在收集的物品或毫不犹豫就会买下的物品是？
容器和服饰、杂货等，让人眼前一亮的古董品。

——有哪些喜欢的家居品牌或商店？
TIMELESS(夙川)。

——请给不收拾房间的人一个建议吧。
把收拾当作一种享受。确定时间和范围，一天只收拾一处区域，这样就能有干劲儿了(笑)。

——喜欢什么风格的服饰？
有了孩子就都穿基础款了。特别喜欢海军蓝色。

——喜欢用哪些时尚品牌来打造自己的风格？
喜欢的话，什么品牌都行。

——从何处获取关于家居和时装的灵感？比如常读的杂志和书，或者敬仰的人。
有很多，不区分类别，所以没有特别要说的。会从身边的人那里受到启发。

——今后想要的东西是？
房子！(定制化住宅或重新翻修的)。

——简要概括，提升品位需要什么？
去看很多的商店，获得启发和刺激。不宅家。和许多人聊各种话题，不仅限于同行。

——你的座右铭是？
挫折就是天赐历练。

1. 清爽的客餐厅统一为北欧风格。除了阿尔瓦·阿尔托和天童木工的矮椅子，还摆放着长子一见钟情买回来的6[rock]的亚洲风椅子。全家都喜欢在这里放松。2. 柜子上铺放仓敷缎通的蓝染直条纹垫，上面摆放小器物点缀。3. 玄关前的小搁板上，随意搭配摆放着KAY BOJESEN的木偶小猴、木质小物和只插放一枝花的陶制小花瓶。墙上挂着伊藤利江BIRDS' WORDS的丝网版画，还带有作品编号。一旁长子的草帽也很可爱。4. 阳台上摆放从植物商店"丛"购买的个性仙人球。5. 长子的玩具和娱乐道具也成了内饰的一部分。容易散乱的物品会收拾到筐中。

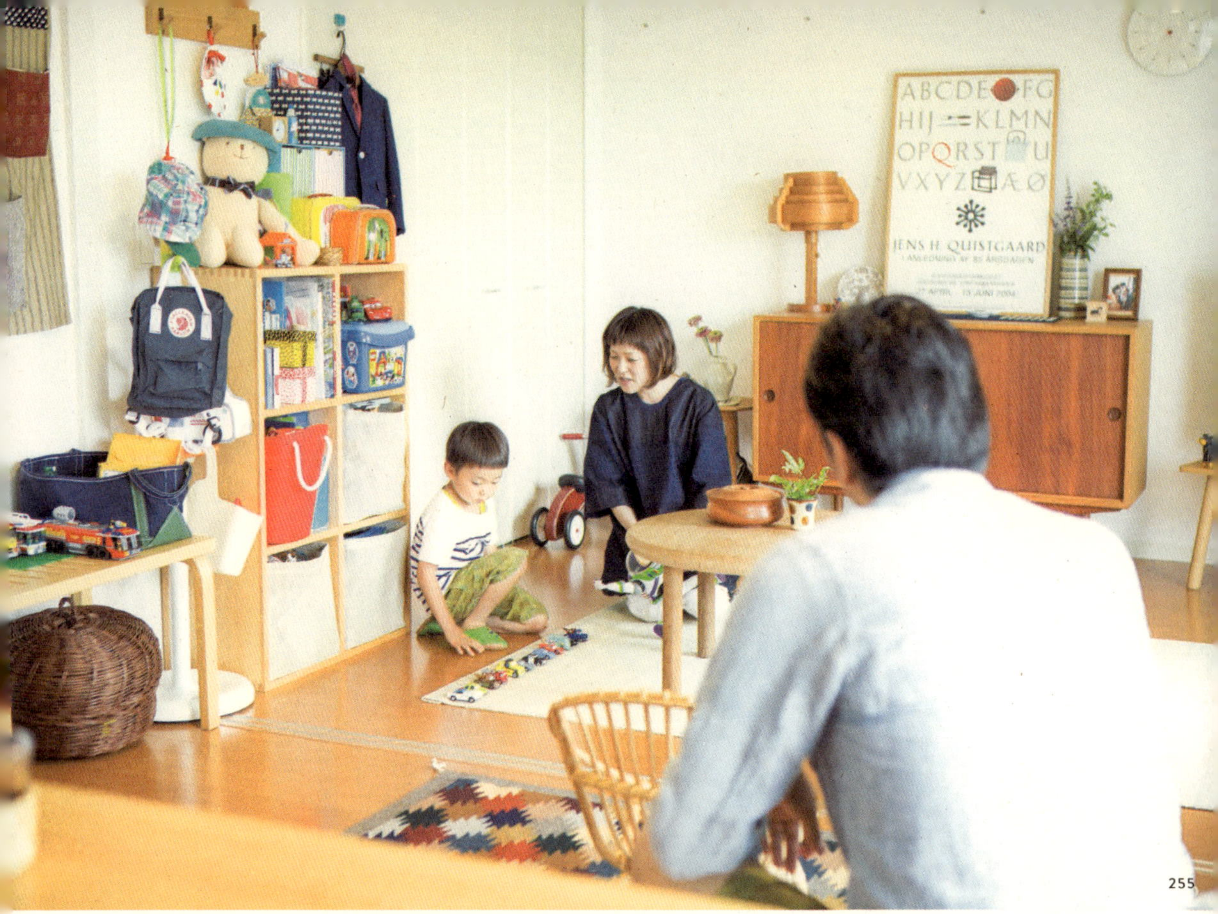
ABCDEFG
HIJKLMN
OPQRSTU
VXYZÆØ
JENS H. QUISTGAARD

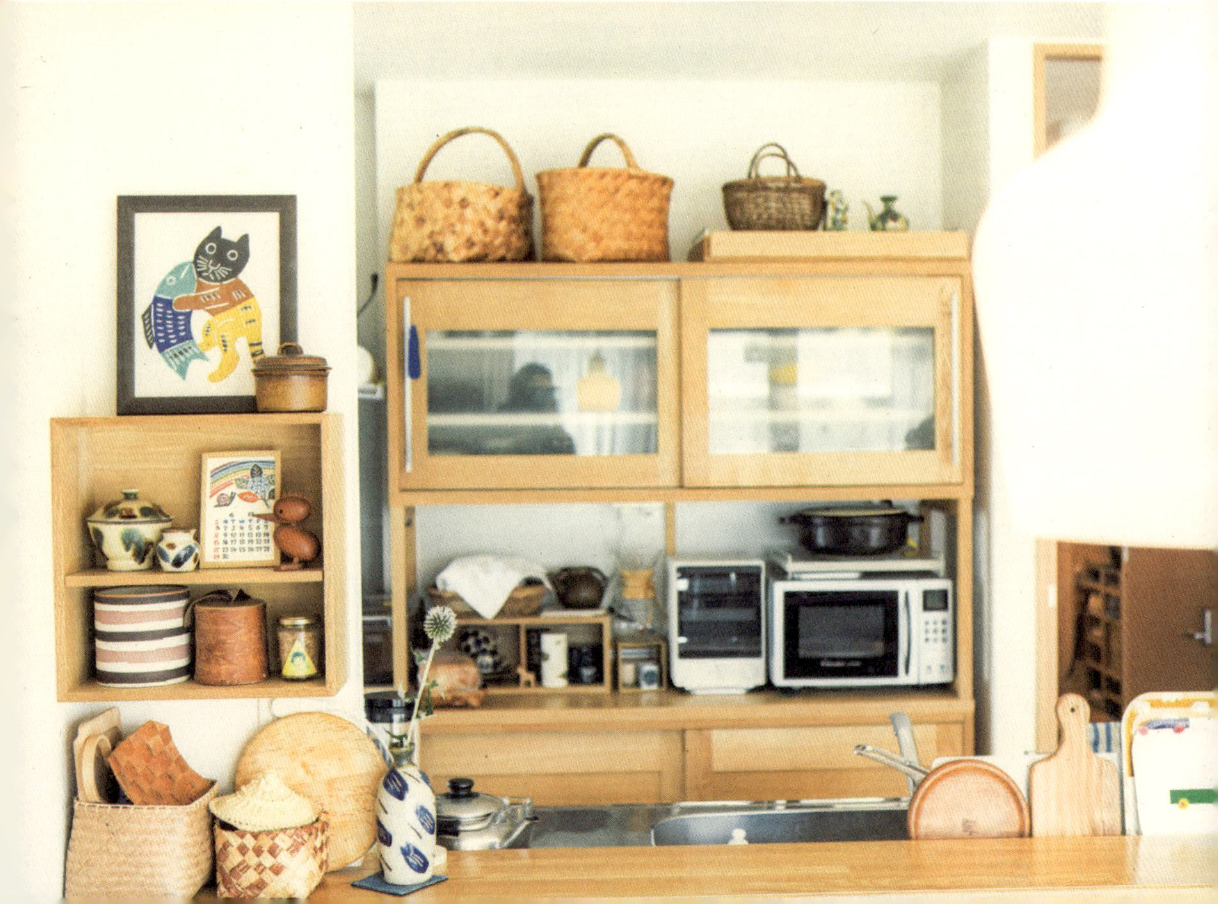

MY PRIVATE
WARDROBE

左上是 CINQUANTA 的牛仔外套、MARC JACOBS 的衬衫、marimekko 的针织衫、JOHN SMEDLEY 的开衫。裤子是 orSlow 和 Levi's® 的 vintage 品。日常随身携带的手包是约翰娜·格里森和 BAO BAO ISSEY MIYAKE 的，里面放着长子画的妈妈的画像。手镯比较喜欢玛丽亚·鲁德曼、雷·安达凯 (Ray Adakai)、印第安首饰和休闲款。miná perhonen 的扇子和 MAGLIA FRANCESCO 的伞等，连看似随意之处都很讲究。J.M.WESTON 的乐福鞋，选择喜欢的靛蓝色。手表是 ROLEX 和 GIRARD-PERREGAUX 的。

装点远藤房间的物件多是"美国制造"。"也喜欢经典款式,但觉得夏威夷和加州的休闲风更适合自己。"PENDLETON的床笠、购于夏威夷的vintage海报和古董等,都给生活加入轻松的节奏。假日会多运动,骑行或是打高尔夫。充分知晓自己世界观的充实生活,无疑是快乐的。

——生活方式中最重要的主题是什么?
简单和自然的生活。

——休息日喜欢如何度过?
高尔夫、爱犬、自行车、游艇。

——家居内饰的主题和规则是?
休闲、实用。

——最喜欢家中哪个场所?喜欢在那里做什么?
上网。

——家中最珍爱的物品是?
家庭。

——正在收集的物品或毫不犹豫就会买下的物品是?
夏威夷古董。

——有哪些喜欢的家居品牌或商店?
HERMAN MILLER。

——请给不收拾房间的人一个建议吧。
断舍离。

——喜欢什么风格的服饰?
简洁、RRL、美式休闲。

——喜欢用哪些时尚品牌来打造自己的风格?
patagonia、BASIC、NIKE。

——从何处获取关于家居和时装的灵感?比如常读的杂志和书,或者敬仰的人。
BEAMS的前辈就是教科书。

——今后想要的东西是?
今年计划换辆车。BMW→BMW。

——简要概括,提升品位需要什么?
知晓Basic & Standard(基本与标准)。

——你的座右铭是?
困难的事情简单做,简单的事情深入做,深刻的事情开心做,开心的事情认真做。

1. 平时喜欢用ROLEX的SUBMARINER。2. 客厅书架摆放夏威夷的古董图鉴和时尚画册等。其中最喜欢夏威夷豪华游轮美森航线的晚餐菜单。尤金·萨维奇（Eugene Savage）的印象派插画是20世纪40年代的作品。还有其他古董小物和夏威夷公开赛上美联航独家销售的"JIM BEAM"瓶装酒。他还保存了自己出生年份的酒。3. 玄关旁边是伊姆斯的"HANG IT ALL"衣帽架，上面挂着贵重的鱼钩。远藤夫妇经常去夏威夷旅游，会将花环小心带回来，做成干花，用作内饰的一部分。旁边还有泛美航空公司PAN AM的海报。4. 爱犬金牛君是只法斗，除了家门口的公园，在休息日远藤还会带它去狗公园，一起充分享受运动。

MY PRIVATE
WARDROBE

远藤的衣橱好物，他喜欢功能性强的简洁款。右上是结实耐用的 ANDIAMO 旅行包。TM ATHLETICS 的棒球服是定制款，仅此一件。最爱的品牌 patagonia 的 R2 夹克外套和有机棉的托特包。最喜欢用 Bill Wall Leather 的钱包。北山耕平的《地球的课程》《自然的课程》两本书是经典之作。DEREK JETER×MICHAEL JORDAN 联名款 T 恤和 NIKE "AIR JORDAN 1st" 运动鞋也是心爱之物。摆放在旁边的是纳瓦霍族的烟灰缸、夏威夷的古董 QUO VADIS 笔记本封皮套和 MOTO 笔袋。远藤持有一级小型船舶驾驶证，在驾驶游艇时会使用柏林墙国境警备队使用的望远镜。远藤每月会打一到两次高尔夫，装备 LAMBDA 的高尔夫鞋和手感超群的 BETTINARDI 推杆。

在这处空间,无机质而具有现代感的水泥墙和有韵味的古董家具形成反差,颇为舒适。村口说:"从大阪搬过来时,就定下要住在这里。"客厅的天花板挑高直达二层,自然光从大窗照进来,令人心情舒畅,时代感各不相同的木质家具和心爱小物温柔地伫立在此。仅这些就美妙如画,这就是高品位的生活。

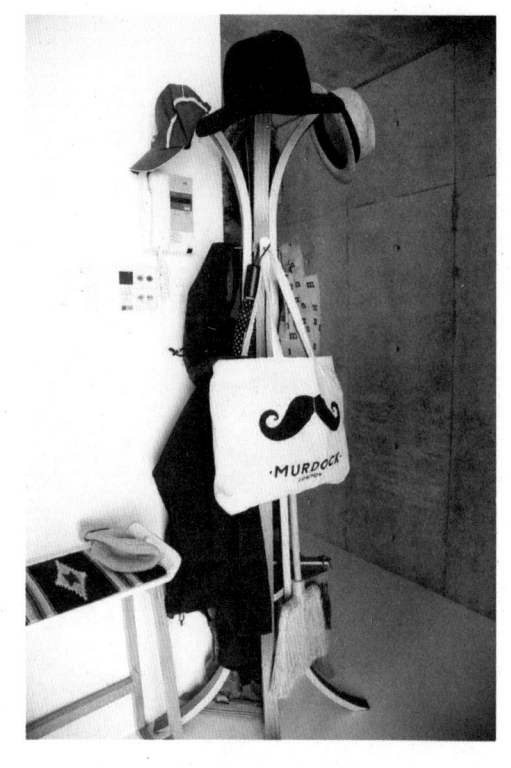

——休息日喜欢如何度过?
开车活动(开车兜风、购物、吃饭)。

——家居内饰的主题和规则是?
因为收纳空间少,就将展示收纳作为主题。

——最喜欢家中哪个场所?喜欢在那里做什么?
在家的时间基本都在客厅度过,不会离开沙发。

——家中最珍爱的物品是?
因为一些缘由而添置的凳子、椅子、长椅。

——正在收集的物品或毫不犹豫就会买下的物品是?
木质小物和玩具。不知不觉间收集的都是有手工温度的物件,包括我自己使用的物品在内。也经常从跳蚤市场和纪念品商店购买。

——有哪些喜欢的家居品牌或商店?
talo、HIKE、RUNGTA。

——请给不收拾房间的人一个建议吧。
展示收纳。收纳空间少,但是东西很多,分类布局收纳的话,就不会感觉别扭。

——喜欢什么风格的服饰?
流行+自我。

——喜欢用哪些时尚品牌来打造自己的风格?
MARNI。

——从何处获取关于家居和时装的灵感?比如常读的杂志和书,或者敬仰的人。
家居内饰受上司白川先生(在P92登场)影响最大。

——今后想要的东西是?
摇椅(北欧二手旧物)。

——简要概括,提升品位需要什么?
描绘理想。

——你的座右铭是?
对人和善。

270

1. 立置房间一隅的布艺板，是村口寻到喜欢的布品后用其亲手制作而成。简洁而柔和的配色与水泥墙壁的对比很有趣。旁边展示摆放毯子和手帕等。最喜欢十年前购买的法国生产的IRIÉ毯子。"收纳空间少，所以展示物品时也注意保持清爽整洁。" 2. 一走上旋转楼梯，就看到浴室对面的阳台，视野开阔。"很喜欢从这里眺望。能感受到室外的空气，晴天时让人心情很好。" 3. 卧室里有充满皮质厚重感的OMRON按摩椅。正是看中它的跳脱感才购买的。4. 印度的古董鞋柜上摆放着一束干花，是妻子用在工作中收到的鲜花干燥制成的。

MY PRIVATE
WARDROBE

村口的衣橱好物有高级时尚单品和古董木质玩具等，和他的房间一样，混合了都市的精华和自然的温度。图左日常使用的iPad保护套是三年前收到的礼物，品牌是JIMMY CHOO。以几何图案为特色的名片盒的品牌是GOYARD。中间是常作为居家服穿着的T恤和运动裤，购于B:MING LIFE STORE。喜欢的懒人鞋品牌是buddy。"目前对米色衬衫很着迷，买了各种不同设计风格的"，摆放在此的有AGLINI、PRADA、COMME des GARÇONS的衬衫。图右的鸟形古董摆件和刺猬是十年前在BEAMS购买的，鲸鱼形状和棒状的益智玩具等是收到的礼物，这些都是因为喜欢而收集起来的木质玩具。

274
荒濑 和雄

BEAMS 二子玉川
39岁/东京都目黑区

275

这是一幢伫立在幽静住宅区的红砖墙公寓楼。荒濑于三年前搬到这里，将这间房龄已有三十五年的房间进行了翻修。房间内部的改建由TORAFU ARCHITECTS建筑设计事务所负责，在保留时间变化带来的韵味的同时，打造出具有现代感的宁静空间。采光柔和的客厅中，从打通墙壁形成的走廊吹来舒适的风。这个明媚的场所，非常适合活泼好动的爱女和爱猫。

——生活方式中最重要的主题是什么？
音乐。特别是老式摇滚和广义上的另类摇滚，还有与之相关的各种类型的音乐。

——休息日喜欢如何度过？
基本上喜欢"走路"，从附近一直走到陌生的地方。好久没去国外散步了，很想去。

——家居内饰的主题和规则是？
谈不上规则，但几乎没有和风物品（日本的物品）。还有就是，基本不出现"统一感"。

——最喜欢家中哪个场所？喜欢在那里做什么？
客厅的沙发床→听着音乐就能直接睡着。屋顶→每个季节都感觉很舒畅，最近正想用睡袋假装自己在野营。

——家中最珍爱的物品是？
芬·尤尔的45号椅（北欧的椅子）。

——正在收集的物品或毫不犹豫就会买下的物品是？
食器（主要是妻子），喜欢的艺术家的T恤。

——有哪些喜欢的家居品牌或商店？
喜欢跳蚤市场，基本上没什么特定的品牌。

——请给不收拾房间的人一个建议吧。
谁来教教我吧！非要说建议的话，就是强制性地留出一个房间，只用来放东西。

——喜欢什么风格的服饰？
能了解人的个性和喜欢的事物的风格，也就是混搭。

——喜欢用哪些时尚品牌来打造自己的风格？
CLASS、m's braque、RDR（吉他、贝斯品牌）、rdv o globe。

——从何处获取关于家居和时装的灵感？比如常读的杂志和书，或者敬仰的人。
关于家居内饰，我觉得主要是受到Pinterest的影响。

——今后想要的东西是？
Rajesh Pratap Singh的拼布上衣，还想要地垫和地毯。

——简要概括，提升品位需要什么？
真心话是，如果有方法的话请告诉我！但说到底，还是自己亲身经历、感受的积累重要。

——你的座右铭是？
Bricolage（法语：巧妙地工作）和温故知新。

278

1. 汉斯·瓦格纳的大号沙发床宽敞舒适，荒濑说坐在这里不知不觉就会打瞌睡。在跳蚤市场购买的阿尔瓦·阿尔托的窗帘布加工后就变成了沙发垫。2. 丹麦现代家具设计师芬·尤尔的椅子很珍贵。挂在墙上的照片与英国的摄影师联盟 Rockarchive.com 和 BEAMS 的联名展览上展出的照片相同。这处空间装满了音乐和北欧家具等荒濑的热爱之物。3. 室内采光很好，白天甚至不需要照明，摆放独一无二的 vintage 玩偶 Dream Pets 等动物形状的玩具，让人倍感亲切。4. 日光从窗外照入玄关，令人心情舒畅。连通此处和儿童房的走廊中整齐摆放着绘本和艺术书籍。改建后的空间让人感觉宽敞而开阔。

MY PRIVATE
WARDROBE

荒濑喜欢摇滚，这些就是他的衣橱好物。平时常穿背心，右起是古着打猎装、LOU DALTON、m's braque。他有许多背心，材质和印花各不相同。收集了设计和质感都很好的登山扣，会当作挂链，悬挂太阳镜等小物。收集的鞋子中，MARMOLADA 使用了少见的霉菌加工做旧材质，凉鞋般的鞋型穿起来舒适度超群。下方的 F.LLI GIACOMETTI 是象皮材质，"材质的表情很有趣"。放在披肩上的串珠饰物购于肯尼亚的杂货店，用于给西装等正装风格增加跳脱感。荒濑喜欢简洁的物品，比如古董手表、有荒濑姓名首字母的 SMYTHSON 名片夹和 klean kanteen 的水杯等。吉他是 FENDER JAPAN JAGUAR BOTTOM MASTER，是比一般吉他音域广，以低音为特征的中音吉他，"想找个不一般的吉他，偶然发现这把二手的就买回来了"。

282

安武 俊宏
安武 惠理子

媒体运营
BEAMS 二子玉川
29岁、32岁 / 东京都涩谷区

穿过规整而充满现代感的门厅，一踏入房间，就看到里面摆放着由二人的高品位审美所精选出的各种物件。俊宏"喜欢宽敞、舒适的空间"，不喜欢崭新的物品，家里大多是能感受到丰富质感和时间痕迹的古董。惠理子"会选择简洁、做工好的东西"，还会插花装点桌面。二人的感性在同一空间中共鸣，形成绝妙的和谐。

——生活方式中最重要的主题是什么？
为了营造舒适的空间，只在家里摆放喜欢的物品，注意保持宽敞。

——休息日喜欢如何度过？
在家悠闲地吃早饭，悠然度过。

——家居内饰的主题和规则是？
尽量使用低矮的家具组合，使用照明和植物点缀重要的位置和高处的空间，让空间显得宽敞。

——最喜欢家中哪个场所？喜欢在那里做什么？
沙发。能环顾整个房间，也能感觉到室外的季节感。

——家中最珍爱的物品是？
亚当·西尔弗曼设计的灯具。

——正在收集的物品或毫不犹豫就会买下的物品是？
水罐和花瓶。虽然形状和种类不同，但看到大小差不多的就会买。

——有哪些喜欢的家居品牌或商店？
是家杂货店，涩谷的Archivando。

——请给不收拾房间的人一个建议吧。
定期请别人来家里。

——喜欢什么风格的服饰？
基础款服饰，但能呈现出当下特有的细微差别。

——喜欢用哪些时尚品牌来打造自己的风格？
有历史的品牌和有背景的品牌。S.E.H KELLY、SOFIE D'HOORE等。

——从何处获取关于家居和时装的灵感？比如常读的杂志和书，或者敬仰的人。
DEALER'S CHOICE、Roman & Williams。

——今后想要的东西是？
能随心所欲装修的房子。

——简要概括，提升品位需要什么？
了解各种文化和价值观。

285

1.整洁而现代的厨房里摆放着喜欢的调味料和小物。劳斯莱斯迷你小车是俊宏的物品。"这是我第一次从圣诞老人那里得到的礼物（笑）。那时大概3岁，它已经陪伴我二十多年了"，随时间流逝，那份韵味也随之变得浓重，传递出依恋之情。2. 20世纪40年代的古董椅子是俊宏单身时买的。房间里的物件，由夫妻二人各自带来，一直用到现在。正因为看事物的目光、挑选物件时的敏锐感觉都能产生共鸣，才能自然营造出这个均衡协调的空间。3. 摆放在古董旅行箱上的干花。沉稳的色调和风情演绎出一片安宁祥和。"房间里的花是从神乐坂一处叫小路苑的花店购买的，很喜欢那个花店。"4. 色调统一的盥洗台简洁雅致，可以看到亚当·西尔弗曼的清爽蓝色花瓶。

MY PRIVATE
WARDROBE

二人的衣橱好物。非常喜欢鞋子，以至于鞋子多得没处放。摆放在此的鞋子品质很好、不易褪色，都是二人常穿的心爱之物。图右是俊宏喜欢的 roberto collina 的 Polo 衫、GBS TROUSERS 的裤子和 MAISON FABRE 的手套。带有鲜明白条纹的海军蓝 CHLOÉ 针织衫、MAD et LEN 的树脂琥珀、CÉLINE 的笔袋等是惠理子的奢侈精选。同为 CÉLINE 的亮丽蓝色高跟鞋和 J.M.WESTON 的乐福鞋在日常生活中也不可或缺。俊宏也在右下方展示了 J.M.WESTON 和 HEINRICH DINKELACKER 的深蓝色乐福鞋。劳斯莱斯的迷你小车模型是从圣诞老人那里收到的第一个礼物。已经相伴二十余载，如今也非常珍惜。

290

特里·埃利斯
北村 惠子

伦敦事务所 fennica 总监
53岁、52岁/英国伦敦

这是北村和埃利斯在伦敦生活的家。房子建造于19世纪，经过细致认真的修葺和改造，二人多年来在世界各地收集的家具、陶器、艺术品、书籍等将房屋填充得满满当当。"拿到店里销售前，会实际试用"，所以这里也是BEAMS和fennica提出的新生活方式的试验田。中世纪、北欧、民艺、冲绳等，各种风格浪潮都在这里诞生。

——生活方式中最重要的主题是什么？
总是保持开放的心态。衣服、家具、食物，凡是感兴趣的都去尝试、体验。

——休息日喜欢如何度过？
去布里克斯顿的市场，买牙买加产的牛油果吃。如果假期长，就在巴巴多斯或是冲绳休闲。

——家居内饰的主题和规则是？
并没有固定主题和规则，混合了各时代、各国家和各种设计风格的物品。

——最喜欢家中哪个场所？喜欢在那里做什么？
埃利斯：书房。读书或是骑动感单车锻炼。
北村：餐厅。经常在餐厅的桌子旁工作。

——家中最珍爱的物品是？
埃利斯：从松本民艺家具定制的摇椅（fennica有售）。
北村：柳宗理先生赠送的橱柜。

——正在收集的物品或毫不犹豫就会买下的物品是？
埃利斯：蓑衣。会收集日本的古老蓑衣，除了稻草的还有海藻的。
北村：小木偶等木质玩具。[照片上手中拿的是卡伊·弗兰克(Kaj Franck)的设计品]

——有哪些喜欢的家居品牌或商店？
赫尔辛基的artek、斯德哥尔摩的SVENSKT TENN。

——请给不收拾房间的人一个建议吧。
如果有专门存放东西的房间，就能把整个家收拾好吧。

——喜欢什么风格的服饰？
请看fennica的原创服饰。

——从何处获取关于家居和时装的灵感？比如常读的杂志和书，或者敬仰的人。
日本民艺协会出版的内刊《民艺》。

——今后想要的东西是？
非洲产的蓝染布品。

——简要概括，提升品位需要什么？
将多种东西混合，在不断试错的过程中找到与自己感觉契合的物品。尝试去接触手工艺品，而不是品牌商品。（参考fennica！）

——你的座右铭是？
"享用、爱用、使用。"（出自提倡实用之美的柳宗悦）

1.墙上挂着埃利斯收集的日本古老蓑衣,是实用之美的极致体现。橱柜中摆放着贵重的陶瓷器收藏品,从土屋典康到滨田庄司、伯纳德·利奇(Bernard Leach),连中国宋代的陶瓷都有。柜顶是马尔库·科索宁(Markku Kosonen)的作品。2.北村的好物清单中,有瑞士设计师玛丽亚·鲁德曼设计的驯鹿皮腕饰,在fennica也有售。3.装点客厅墙壁的是香川县高松的传统工艺品百足串式风筝。灯具是约瑟夫·弗兰克(Josef Frank)设计的,搁板是布鲁诺·马松的,室内风格超越了国界和时代,融日本与北欧、现代与传统为一炉。4.待客室一角。罗伯特·赫里蒂奇(Robert Heritage)设计的橱柜上摆放埃德蒙·德瓦尔(Edmund de Waal)的瓷罐,五彩缤纷的刺绣作品出自阿里杰罗·波蒂(Alighiero Boetti)之手,版画是名嘉睦稔的作品。二人不问种类、以自身审美从世界各地收集来的物品难分伯仲。

MY PRIVATE
WARDROBE

图左是 OKINAWA 带刺绣的两面穿横贺夹克,它重现了 20 世纪 50 年代观光纪念品的感觉,是埃利斯的最爱。中间是常春藤盟校的学生们喝酒欢聚时穿的酒客夹克。这两件夹克都是和 TOYO ENTERPRISE 公司共同制作的。图右是从众多 vintage 夏威夷衫收藏中精选复刻的 SUN SURF 的夏威夷衫,在 fennica 有售。拎包是用山葡萄树皮编织成的,北村每天都在使用。蓝色鞋子的品牌是巴黎的 ANATOMICA,很好穿,还有好几双同款不同色的。拼色鞋子是伦敦的 NEW & LINGWOOD。

298
菅野 明
BEAMS 阿倍野
41岁/兵库县神户市

远离三宫的喧闹嘈杂，寻找环境更好的场所，这也是为孩子考虑。利用了神户的地形，寻求"靠近大海的地方"，菅野搬到了此处。居住在此已有一年半。采用未经雕琢、被人多年爱用的vintage品，将空间营造成已居住很久的样子，让这个空间与自己更加亲近。这处充满树木和绿色的地方，让人感到安宁平和，也重新体会到人是自然的一部分。

——生活方式中最重要的主题是什么？
与大海相伴。在能看见大海的地方生活。

——休息日喜欢如何度过？
和孩子去海边、公园、商店等，每次都会和她商量去哪里。

——家居内饰的主题和规则是？
以树木和绿色为主题的居住空间。

——最喜欢家中哪个场所？喜欢在那里做什么？
在阳台喝啤酒放松，或是打理植物。

——家中最珍爱的物品是？
古布。

——正在收集的物品或毫不犹豫就会买下的物品是？
蓝染布品和军用品。

——有哪些喜欢的家居品牌或商店？
Like Like(神户)、102(神户·元町)。

——请给不收拾房间的人一个建议吧。
摆放喜欢的物品。

——喜欢什么风格的服饰？
休闲风，有很多二手物品。

——喜欢用哪些时尚品牌来打造自己的风格？
orSlow。还喜欢古着，虽然不算是品牌。

——从何处获取关于家居和时装的灵感？比如常读的杂志和书，或者敬仰的人。
BRUTUS杂志。时尚的灵感来自在街上和店里看到的人。

——今后想要的东西是？
钟表。

——简要概括，提升品位需要什么？
首先是去模仿觉得不错的风格。

——你的座右铭是？
不要设定条条框框。无论年纪多大都要去挑战。

302

1.女主人夕纪子怀里抱的是美国短毛猫哈克。窗外能看到大海,是个让人心情舒畅的位置。2.菅野的T恤藏品。像商店那样摆在架子上收纳,便于挑选和拿取。3.擅长找到舒适位置的小哈克。楼梯下方随意放置椅子,摆放喜欢的照片。4.菅野说衣服不知不觉就越来越多,衣服、鞋子和小物让衣帽间变得满满当当。5.长子的游戏房,他为我们展示了各种各样的玩具。色彩缤纷的纸艺挂饰随风摇动,与这里十分相称。

MY PRIVATE
WARDROBE

菅野的牛仔服饰很多。左上是 orSlow 的牛仔裤，他对穿着过程中形成的好看的痕迹和落色很满意。下面是美国野牛皮的二手印第安短靴，款式素雅，是菅野的得意单品。旁边的古布，还没决定用来做什么，却莫名很吸引人。据说它们原本是江户、明治时代做和服和被褥内衬用的。牛仔外衣是 PAY DAY 的连体工装夹克。挎包和内胆包都是军用品，还有第一次世界大战时使用的物品。从这些物品中，我们能看到菅野的想法——感受有韵味、被传承的好物的魅力并爱惜使用。

在台北郊外的山中。推开金属大门，就看到一处被自然林木环绕的山庄。威利说："房子周围植物茂盛，景色也很美，喜欢这种无拘无束自由生活的环境。"威利家的小区占地宽广，市内少有。这是一处装满自己心爱之物的、和重要家人共同生活的空间，私人时间和与家人共度的时间平衡交织，没有偏颇，整个家中都能感受到舒适的氛围。

——生活方式中最重要的主题是什么？
有很多植物，有干净空气的生活。目光所及之处是美丽的景色，宁静舒适的居住环境。

——休息日喜欢如何度过？
放松、随意，与家人和睦相处的时光。看电影、喝咖啡、和家人聊天，这就是度过假日的基本方式。

——家居内饰的主题和规则是？
为了打造方便舒适的居住空间，房间天花板使用了木材。优先考虑规整简洁的布局。

——最喜欢家中哪个场所？喜欢在那里做什么？
喜欢客厅。客厅是全家团聚放松的最佳空间。

——家中最珍爱的物品是？
家人，比什么都重要！

——正在收集的物品或毫不犹豫就会买下的物品是？
LEGO的人偶和手办。还有书和杂志，喜欢读书。

——有哪些喜欢的家居品牌或商店？
zanotta、KARIMOKU、CHLOROS。

——请给不收拾房间的人一个建议吧。
房间对自身而言是非常重要的空间。休养身心的最好方法是保持整洁，将房间按自己的喜好布置。因此，收拾房间，让自己每晚都能放松休息这点要牢记。

——喜欢什么风格的服饰？
vintage风格、美式休闲。

——喜欢用哪些时尚品牌来打造自己的风格？
RALPH LAUREN、BEAMS、LEWIS LEATHERS、Nick Fouquet、BEDWIN、LARRY SMITH、12 LAB。

——从何处获取关于家居和时装的灵感？比如常读的杂志和书，或者敬仰的人。
CLUTCH、*POPEYE*、*MILK HONGKONG*。

—— 今后想要的东西是？
THE REAL McCOY'S的BUCO J-24夹克、Nick Fouquet的帽子。

——简要概括，提升品位需要什么？
坦然接受很重要，多看、多学。最重要的是找到自己内心喜欢的时装和风格。

——你的座右铭是？
坦然接受一切事物。只要活着，就相信美好的事情将会发生。

1. 弟弟很喜欢电影，这是他收集的DVD。威利"假日会和弟弟一起看电影"。2. 自己收集的LEGO。对喜欢的事物很热衷，非常喜欢蝙蝠侠等美国DC漫画的角色。3. 朋友和女朋友赠送的礼物，很重要。右下的Wonder Bear的笔记本上有斯嘉丽·约翰逊（Scarlett Johansson）的签名。4. DIESEL的香水是美国机场限定品。比起浓郁的香型，更喜欢清爽的香型。

311

MY PRIVATE
WARDROBE

威利的衣橱好物。右上是 master-piece 和 BEAMS 联名款背包。格子衬衫、T恤、裤子都是 BEAMS 的商品。平时多用 T 恤搭配短裤、运动鞋。运动鞋是从上学时开始收藏的，尤其喜欢 CONVERSE 黑标，对搭配运动鞋的袜子也比较讲究。电吉他是 FERNANDES 公司的产品。从小就喜欢音乐，钢琴和黑管都很拿手。中学时受喜欢的外国乐队的影响开始弹吉他。右下角的公仔名字叫紫葡萄，是好友送的生日礼物。两人是在澳大利亚的打工假期中结识的，这个礼物满载回忆。

314

浅见 武志
浅见 朋美

International Gallery BEAMS
BEAMS 新丸之内
34岁、31岁/东京都杉井区

这是一幢小公寓的三楼，公寓前是一条巷子。房间通风很好，建筑师房主将墙壁漆成淡绿色，从打通的复式二层天花板照进的阳光令人心情舒畅。浅见如数家珍般地为我们介绍芬兰艺术家比尔格·凯皮埃宁（Birger Kaipiainen）的插画等遍布房间的北欧饰物。"从注意、了解到变得喜欢，这个过程很有趣。"越热爱，越开心。

——生活方式中最重要的主题是什么？
被心爱之物环绕的生活。

——休息日喜欢如何度过？
去美术馆、博物馆，或是去古着店、跳蚤市场、古董集市闲逛，晚上去喝酒。

——家居内饰的主题和规则是？
将有某些共通点（形状、颜色、国家、技术、年代等）的物件大致归拢到一起。

——家中最珍爱的物品是？
山田真万的茶碗（大约十年前看中了其配色和手感，在BEAMS购买），每天用这个喝水。

——正在收集的物品或毫不犹豫就会买下的物品是？
20世纪四五十年代到当代的陶瓷器，比如瑞典陶艺家威廉·卡格（Wilhelm Kåge）和伯恩特·弗里伯格（Berndt Friberg），美国陶艺家罗丝·卡巴特（Rose Cabat），以及日本现代陶艺家中园晋作和郡司庸久、郡司庆子的作品。还有祖尼族古老而独特的珠宝。

——有哪些喜欢的家居品牌或商店？
芬兰的artek。款式简洁，轻便结实，实用的物品很多。不占空间，可以拆解、更换部件这点也很好。据说还有商品约八十年形状几乎都没变化，很厉害。

——请给不收拾房间的人一个建议吧。
要时常整理自己身边的物品和自己的情绪，以想放在身边的物品为中心。不要的和没用的东西最好马上丢弃。我过生日时就会丢弃自己的年龄。

——喜欢什么风格的服饰？
20世纪70年代的SAINT LAURENT和80年代前半的Vivienne Westwood（worlds end精品店时期）一直都很喜欢。

——喜欢用哪些时尚品牌来打造自己的风格？
m's braque，在BEAMS也有售。精选材质，细节和用色也有许多幽默元素，很喜欢。和古着也很好搭配，每年都会购买。

——从何处获取关于家居和时装的灵感？比如常读的杂志和书，或者敬仰的人。
看自己喜欢的人的家居内饰，不仅限于杂志，还会在Facebook、Instagram和老照片集里查看。喜欢现居美国的澳大利亚艺术家瑞奇·斯瓦罗（Ricky Swallow）和SWIMSUIT DEPARTMENT的乡古隆洋，会持续关注。

——今后想要的东西是？
阿尔瓦·阿尔托设计的老款"L-Leg"橱柜。

——简要概括，提升品位需要什么？
我觉得无论服装还是家居内饰，都要购买自己感兴趣的物品，寻找完全适合自己的搭配。另外，我发现和自己觉得品位好的人以及喜欢的人商量是捷径。

1. 装饰盘是冲绳北窑出品，挎包是20世纪70年代的墨西哥品牌CHAR。阿尔瓦·阿尔托设计的衣钩用于装饰，很独特。"经常看自己喜欢的设计师家里的照片"，这是一个混搭各国老物件的舒适房间。2. 玄关的鞋柜上方是展示插画和陶器的空间。还有朋美非常喜欢的瑞士陶艺家丽莎·拉森的素描复印品。3. 武志看着心爱的陶器。这里摆放着在瑞典偶然发现的丽莎·拉森的陶瓷器、伯恩特·弗里伯格的小却注重细节的陶器等。武志还告诉我们，陶艺家加山晴子的作品的优点在于"绘制、配色相较于传统的民艺品更加自由、漂亮"。4. 通风良好的空间，摆设着餐桌和餐椅。今年，夫妻二人去芬兰旅游时也买了家具和vintage 物件。

318

MY PRIVATE
WARDROBE

喜欢喝茶的武志用klean kanteen的水杯自己泡茶随身携带。灰色背心是法国的 ANATOMICA。喜欢它的衣兜，正好适合装小物。彩色小包里放的是常用的小工具。marimekko 的衬衫和 Levi's® 的牛仔裤是在古着店选购的，"和单纯的经典款还是稍有不同，我喜欢的是经久不变的好物"。配色好看的袜子是 corgi 的。外套是 BEAMS 也有售的 m's braque 的。多用小物与浅色衣物搭配。

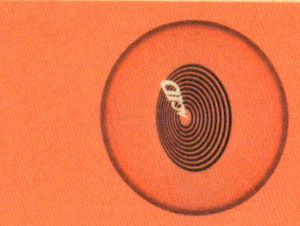
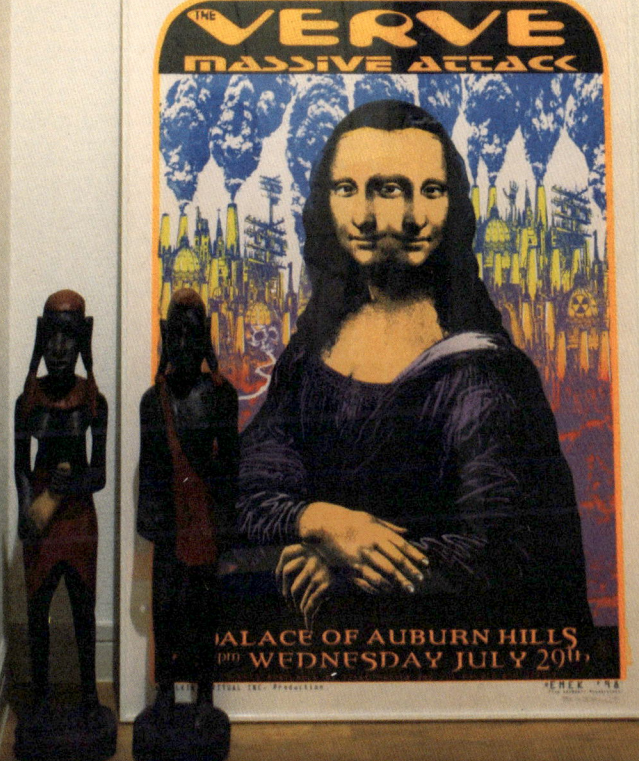

以有无尽可能性的街头文化为重心，与相反的物品绝妙地再混合，让人切身体会到现代感。在这样的背景下，长谷川家充斥着秘密基地般的危险空气。"和其他人的房间相比，更希望自己的家是个吧台般的存在。"正如他所言，这处空间敏锐混合着各种物品，有着青春期般的悸动，可称之为独一无二的高度混沌空间。

——生活方式中最重要的主题是什么？
不积累压力。

——休息日喜欢如何度过？
电影、滑板、散步，从白天开始喝酒。

——家居内饰的主题和规则是？
能取悦客人的物件。不执着于国家和年代。

——最喜欢家中哪个场所？喜欢在那里做什么？
客厅。悠闲度过。

——家中最珍爱的物品是？
咖啡桌。

——正在收集的物品或毫不犹豫就会买下的物品是？
一切能让自己感动的东西。

——有哪些喜欢的家居品牌或商店？
SIGN(广尾)、TRANSHIP(武藏小山)、JANTIQUES(中目黑)、D&DEPARTMENT(九品佛)等。

——请给不收拾房间的人一个建议吧。
不要勉强自己去收拾，有兴致时一鼓作气收拾干净。

——喜欢什么风格的服饰？
BASIC & EXCITING。

——喜欢用哪些时尚品牌来打造自己的风格？
UNUSED、DRIES VAN NOTEN。

——从何处获取关于家居和时装的灵感？比如常读的杂志和书，或者敬仰的人。
TRANSIT和BRUTUS杂志，《民艺的教科书》系列图书。

——今后想要的东西是？
自行车。

——简要概括，提升品位需要什么？
和各行各业的人一起玩。

——你的座右铭是？
一期一会。

1.长谷川夫妇聊到旅行时都很兴奋。二人生活在这处各土地、文化、时代风格杂糅的空间,直率而自由地享受这种组合,以此为乐趣。伊姆斯的家具和摆件、古董台灯、有宗教图案的花瓶等,与有定制涂鸦图案的象牙、20世纪80年代的贴纸等摆放在一起。其中还有滑板艺术家肖恩·斯图西(Shawn Stüssy)的签名。2. SUICOKE 的伏特加酒瓶,在某种带仪式感的奇妙氛围中还有一丝可爱,这是收到的礼物,喜欢其街头风的视觉效果。3. 走进玄关马上就能看到走廊展示的蝴蝶标本。上面还有山羊头标本,存在感非常强。如同长角兔子是美国传说中的生物"鹿角兔",这是特意从美国购买的复制品。4. 放在重点位置的观叶植物和宗教摆件的对比很有趣。几何形的门档是乔治·尼尔森的 vintage 品。

MY PRIVATE
WARDROBE

长谷川在街头文化中成长,他的衣橱好物都彰显其个性。图右是很喜欢用的 Skate Mental 滑板。看中上面有野性的插画。BEAMS 也有售的植物商店"丛"的植物、朋友送的古董水牛角和标本、岳父送的烧酒"三岳"等,物品种类繁多。中间的牛仔外套是在高圆寺购买的 20 世纪 40 年代的 vintage 品。Brooks Brothers 的格纹衫和 20 世纪 80 年代的滑板品牌的骷髅 T 恤、Pilgrim SURF + supply 的联名款懒人鞋和 NIKE SB Blazer 在日常也经常穿。Apple 的笔记本电脑和 FIELD NOTES 的笔记本是工作必需品。以真正实木作为封面的备忘录品位也很独特。

328

石桥 一兴

BEAMS HEART 总监
43岁/埼玉县久喜市

石桥家所在的区域，散布着一块块农田，风景悠然。现代感设计的独栋住宅里居住着石桥夫妇和两个孩子一家四口。复式房屋的高天花板看上去很开阔，客厅以单色为基调，恰到好处地点缀色彩，摆放着冲绳的民艺品和具有玩心及设计感的家具，令人心生愉悦。在这舒适的氛围中，传来兄妹二人的欢笑声，今天也是全家团聚的一天。

——休息日喜欢如何度过？
晨跑，和孩子在公园玩。

——家居内饰的主题和规则是？
没有特别设置规则。非要说的话，就是保持不杂乱。

——最喜欢家中哪个场所？喜欢在那里做什么？
餐厅与二楼打通，有天窗，喜欢在餐厅的大餐桌上吃午饭。

——家中最珍爱的物品是？
fennica的特别定制款橱柜，由阿尔瓦·阿尔托设计。

——正在收集的物品或毫不犹豫就会买下的物品是？
滨田友绪使用盐釉烧制的陶瓷器。

——有哪些喜欢的家居品牌或商店？
fennica。家具几乎全部购于fennica。

——请给不收拾房间的人一个建议吧。
断舍离。

——喜欢什么风格的服饰？
所有美式休闲风。

——喜欢用哪些时尚品牌来打造自己的风格？
sanca。基础款和运动风很强的Battenwear也是最近喜欢的品牌之一。

——今后想要的东西是？
吉诺·萨尔法蒂（Gino Sarfatti）的吊灯"Valve Lamp"。

——简要概括，提升品位需要什么？
喜欢就要买下来，重要的是要实际去试穿或使用。

——你的座右铭是？
Go for broke（孤注一掷）。

331

1. 石桥最喜欢的是阿尔瓦·阿尔托设计的橱柜，特征是柜门异色，是 fennica 几年前销售的特别定制款。橱柜上摆放冲绳读谷烧等多件民艺品。2. 冲绳的祖母制作的编筐挂在卧室墙上。阿尔瓦·阿尔托的小号椅子"Chair 65"正好用来摆放台灯。采访这天正值七夕前夕，卧室悬挂着竹子和长条诗笺，上面写着两个孩子的心愿。3. 房子里有两个房间是为孩子准备的。现在他们还没有决定各自使用哪个房间，可以自由地跑来跑去和玩耍。4. 复式楼梯上去就是第二间儿童房。哥哥坐在学习桌前，妹妹在旁边的吊床上读绘本、玩娃娃。这里能听到厨房和客厅的声音，让人感到安心。

MY PRIVATE
WARDROBE

石桥的衣橱好物。左上是 VANS 的 authentic 系列，在 BEAMS 购买了同款不同色的。下方是 CHACO 的凉鞋，全家每人一双，假日基本都穿这个。石桥喜欢跑步，中上是跑步时戴的 patagonia 的帽子，下面是运动裤，最下方是 New Balance 的 运动鞋。右上是 BEAMS 也有售的 SLEEPY JONES 的 T 恤，上面印有设计大师勒·柯布西耶的姓名，是独一无二的款式。下方是 SLEEPY JONES 的睡衣衬衫。再下方是在纽约购买的 THOM BROWNE. 的拳击训练裤。现在喜欢的日本酒品牌是 "花阳浴" 和 "飞露喜"。

336

泷之崎 志帆

BEAMS JAPAN
29岁／东京都丰岛区

"看了《天使爱美丽》(Le fabuleux destin d'Amélie Poulain) 这部影片，就爱上电影了。"在泷之崎家中，摆放着有些独特的绘画和古董，就像在电影中登场的物品。特别是床边的氛围和家具摆设也跟电影里一模一样。在沙发和椅子上放松休闲的公仔们和可爱的古董将房间装点得更加丰富多彩，很像小女生的房间。增加些幽默感的话，每天就能更快乐。这个满载灵感的空间，应该就是以泷之崎为主角的电影中出现的场景吧。

——生活方式中最重要的主题是什么？
和电影一起生活……

——休息日喜欢如何度过？
看电影、逛咖啡店（复古的咖啡店）。

——家居内饰的主题和规则是？
像艾米丽（《天使爱美丽》的女主角）的房间那样，有喜剧感、有许多动植物的混搭丛林！

——最喜欢家中哪个场所？喜欢在那里做什么？
电视旁边的绿植区。喜欢面对着这里看DVD。

——家中最珍爱的物品是？
愉快的小伙伴们（公仔）、植物们。

——正在收集的物品或毫不犹豫就会买下的物品是？
有趣的太阳镜（比如国外的）！

——有哪些喜欢的家居品牌或商店？
unico、malto。

——请给不收拾房间的人一个建议吧。
想一下这个教诲：“房间杂乱就是心灵杂乱！”

——喜欢什么风格的服饰？
贴近复古的20世纪六七十年代和80年代的风格。

——喜欢用哪些时尚品牌来打造自己的风格？
基本坚持"自己喜欢的设计就好"主义。BERNSTOCK SPEIRS的帽子每年必买。

——从何处获取关于家居和时装的灵感？比如常读的杂志和书，或者敬仰的人。
杂志→FUDGE。书→特别喜欢村上春树的。敬仰之人→简·伯金（Jane Birkin）、竹下玲奈。内饰时尚→会参考电影（以前法国女星的电影还有现在的电影）。

——今后想要的东西是？
unico的定制挂毯！电风扇、不用弯腰就可以用的吸尘器。

——简要概括，提升品位需要什么？
对初见与时尚毫无关系的事物也抱有兴趣并采纳进来！

——你的座右铭是？
不要忘记自己的风格。

1.摆放在柜子上的可爱古董小物和植物。母亲喜欢收集古董,受其影响,从老家带来的木质柜子成为营造房间氛围的重要点缀。寻找了很久才在一家偶然踏入的杂货店中淘到的绘画明信片,它在艾米丽的房间中也出现过。2.对讲门铃和插座等无机质的部分,用钥匙形状的挂钩和在法国购买的墙贴等打造风格,仅仅这些小物在近旁点缀,装潢就更显个性化。这是房间装饰中值得参考的亮点。3.房间里到处都是充满少女感的物品,它比如印有世界观光胜地插画的靠垫和动物公仔等。4.抽屉里是一些波普风格的太阳镜。"去国外旅行时随意逛玩具店和超市,看到就买下来了",每个都很适合泷之崎。

MY PRIVATE
WARDROBE

泷之崎喜欢波普风格的物品，衣橱好物很有她的风格。右上的针织帽和鸭舌帽是每季必逛的 BERNSTOCK SPEIRS 的。右下很有少女感的半身裙是 STATE of GEORGIA 的。经常佩戴的心仪太阳镜是 LINDA FARROW 的。中上波普插画风的包袋是中国台湾的品牌 JumpFromPaper。苹果和菠萝形状的手包是 bpr BEAMS 的，没有二选一，而是两个都买了。下方摆放的是安迪·沃霍尔（Andy Warhol）的笔记本和购于印度的小包。装 iPad 的包上有可爱 DJ 器材插画。摆在左下方的是漂亮的印花 T 恤：迈克尔·杰克逊（Michael Jackson）肖像图案的购于迪士尼乐园，薯条图案的购于 Ray BEAMS。

344

横沟 贤史
横沟 由美

BEAMS 视觉总监
BEAMS BOY 总监
37岁、40岁／神奈川县川崎市

墙面上铺设挂毯，橱柜中摆放着古董和人偶。融合日本、美国、欧洲、非洲等世界各地的格调，横沟家就像古董店一样，横沟夫妇甄选物品的眼光敏锐，"看中了就会毫不迟疑地收集"。被心爱之物环绕，从白天就开始悠闲地喝酒享受，是夫妻二人在假日中一定会做的事情。其乐融融的两个人总是满面笑容。

——休息日喜欢如何度过？
从白天就开始喝酒，这个很幸福。

——家居内饰的主题和规则是？
没有特定主题，就是把碰见的东西买下来。然后才会考虑如何布局。

——最喜欢家中哪个场所？喜欢在那里做什么？
在汉斯·瓦格纳的沙发上懒洋洋地看书或是喝咖啡。

——家中最珍爱的物品是？
星龟，名叫小星。

——正在收集的物品或毫不犹豫就会买下的物品是？
古着、印花方巾、各种各样的有年代感的挂毯和布品等。木制品（从DANSK等北欧vintage品到非洲的木工品），会被有韵味的木材所吸引。

——有哪些喜欢的家居品牌或商店？
大阪的Swanky Systems、talo、COME TOGETHER。神户的Like Like。

——请给不收拾房间的人一个建议吧。
尽量把喜欢的物品摆放在能看到的地方欣赏。都是心爱之物，就算繁杂，看着也开心。另外，除了喜欢的物品外，其他就能收拾处理掉了。

——喜欢什么风格的服饰？
基本是经典正统和美式休闲。

——喜欢用哪些时尚品牌来打造自己的风格？
没有特定的品牌，但会挑战任何觉得不错的服装。

——从何处获取关于家居和时装的灵感？比如常读的杂志和书，或者敬仰的人。
熟人的家和海外的商店等。

——今后想要的东西是？
房子、VOLVO 240 轿车。

——简要概括，提升品位需要什么？
自己喜欢的物品，要下决心先买下来，就算一开始对它不太了解，总有一刻能够了解和欣赏。

——你的座右铭是？
BE EARTH FRIENDLY（善待地球）。

346

1. 20世纪六七十年代手工制造的维京人偶，是在丹麦买的纪念品。会在国外的古董店和古着店购买喜欢的物品。做过店铺展示工作的贤史负责为这些难以分类的物件安排布局。2. 假日里从午餐就开始悠闲享受美酒的二人。餐桌和餐椅从位于厚木的北欧家具专卖店talo购买。"一见钟情的物品会毫不迟疑地买下，就算一时难分类别，之后考虑如何布局也很开心"。3. 如今对北美印第安的藤筐非常着迷。横沟夫妇喜欢的东西会随时间变化。爱好随时间而改变，也是一件有趣的事。4. 由美主导购买的食器，"木质容器有温度，所以很喜欢"。座右铭是 BE EARTH FRIENDLY，比起摆设好看，更会将选择的重点放在经久耐用上。因为客人很多，所以也经常购买小碟。丹麦的书桌用作食器柜尺寸刚好。

MY PRIVATE
WARDROBE

（上图）由美的衣橱好物。最喜欢白衬衫，据说多得能堆成山，其中还有由美负责的 BEAMS BOY 的原创衣品。日常会将白衬衫与牛仔上衣和卫衣等古着混搭，打造少年感造型。"喜欢二人一起逛古着店"，高圆寺、涩谷附近日常都会去逛。（下图）贤史的衣橱好物。右上鲜艳的羊毛外套十分爱惜，是19岁时购买的，如今也会穿。印花方巾有300多枚，"看到喜欢的就会买下来"。笔袋是 PORTER 与 ORTEGA'S 的联名款。每天使用的布包就像贤史的代名词，都是古品或是旅游纪念品。BEAMS 特别定制的 RED WING 的鞋子他也很喜欢。

350
村上 逸男

BEAMS EX 梅田
43岁 / 兵库县芦屋市

清爽舒适的住宅，说的就是这里吧，村上家让人不禁这样想。展示的物品和隐藏收纳的物品清楚区分开来，多余的东西不会摆放出来。都是以阿尔瓦·阿尔托的作品为基调的，彰显柔和舒适的北欧家居用品。轻风吹拂，令人惬意，这处空间正是全家团聚休闲和假日读书的最好地点吧。

——生活方式中最重要的主题是什么？
休闲、心动和期待。

——休息日喜欢如何度过？
全家一起放松地吃饭。公路自行车中、短途骑行，有时还会参加比赛。寒冬时节会在自家玩高达模型和读书。今年想全家一起去冲浪。

——家居内饰的主题和规则是？
适合休憩，便于清扫。

——最喜欢家中哪个场所？喜欢在那里做什么？
在阳台上边喝啤酒，边思考这个那个。

——家中最珍爱的物品是？
自行车。

——正在收集的物品或毫不犹豫就会买下的物品是？
Plarail的限定款铁道模型，司马辽太郎、吉川英治的文库本图书，冲绳陶器等器物，约翰娜·格里森的包袋和织物，全家的照片。

——有哪些喜欢的家居品牌或商店？
TIMELESS(夙川)、KAMOSHIKA杂货店(大阪)。

——请给不收拾房间的人一个建议吧。
用完要归位。

——喜欢什么风格的服饰？
工作、休闲都是简洁款。

——喜欢用哪些时尚品牌来打造自己的风格？
休闲时穿VANS。工作时穿ERRICO FORMICOLA衬衫。

——从何处获取关于家居和时装的灵感？比如常读的杂志和书，或者敬仰的人。
向各个领域的达人请教。如果感兴趣，尽可能去尝试体验(也会去当地看)。

——今后想要的东西是？
秋冬的正装套装，可组装的轻型自行车管胎，GARMIN公司的码表，孩子(或者是我自己)用的床。

——简要概括，提升品位需要什么？
感兴趣的话，就去尝试、入手、使用、保养。

——你的座右铭是？
自行车是轻型车辆。

1.父子都对Plarail的铁道模型很着迷,甚至还会去铁道模型博览会,收集一些限定款和稀有的模型。2.使用相簿将家庭历史记录成册。数码时代也会认真地打印和收录,体现出村上的一丝不苟。3.椅子、餐桌椅、边桌、窗帘、海报等,室内陈设让人联想到阿尔瓦·阿尔托的房间,汉斯·瓦格纳的沙发为房间点缀美丽的绿色。这里是妻子、儿子也都喜欢的全家齐聚的地点。4.村上心爱的高达模型的收藏柜。还摆放有战争场景等村上的自信之作,有许多细节上的加工。

354

MY PRIVATE
WARDROBE

左上是村上非常爱惜的《新世纪福音战士》"人类补完计划"笔记本。他的玩心由此可见一斑。玛丽亚·鲁德曼的腕饰、CARAN D'ACHE 的斯特林银制圆珠笔、GOYARD 名片夹、笔记本、使用 HERMÈS 封面套的文库本等都是村上日常使用的物品。此外，手表是 20 世纪 50 年代的 PATEK PHILIPPE 和 60 年代的 ROLEX 古董品，还有需要上弦的限定款 BENRUS。领带品牌是 FRANCO BASSI、BARBA、EREDI CHIARINI 的毛织款，适合休闲外套，使用了很多年。衬衫品牌是 ERRICO FORMICOLA，乐福鞋品牌是 Alden。常用物品都是高品质的简洁款。

360

"**玄**关太窄了，抱歉啦（笑）。"高岛有点不好意思地开门迎客。鞋柜里是很多双随意堆放的运动鞋。从天花板垂下来的大鹿角蕨，是花了很长时间养育的。他开心地选择动听的音乐，说"任何事物都需要每天学习"。比如从少年时开始收集的大量唱片，这处极其私密、令人放松的空间也积累了富有玩心的心爱之物。

——生活方式中最重要的主题是什么？
唱片（十几岁开始收集，大约有1000张）和书、咖啡等物理变量感觉（模拟信号感）的物品。

——休息日喜欢如何度过？
逛古董市场，寻找美食店。最近去的美食店有南千住的丸千叶。在这里无法一一细数，但所有菜品都很好吃，而且便宜。还有个店员也是亮点，我在心里把他称为"待客之神"。

——家居内饰的主题和规则是？
各种风格、各个国家的物品混合。比较可爱讨巧的物品。

——最喜欢家中哪个场所？喜欢在那里做什么？
扫除后，在沙发上边听歌边喝咖啡。

——家中最珍爱的物品是？
长得过于庞大的鹿角蕨。

——正在收集的物品或毫不犹豫就会买下的物品是？
现在收集黑檀的动物摆件。在收集眼睛和牙齿、爪子的做工精巧且无底座的系列。

——请给不收拾房间的人一个建议吧。
要有侧重点……

——喜欢什么风格的服饰？
符合自己个性的风格，简洁款。

——今后想要的东西是？
宽敞的厨房。

——简要概括，提升品位需要什么？
自己正在做的只是"学习"。去各种商店和场所，并一直在心中思考它们好在哪里。

1. 紧挨着玄关的是堆到天花板的鞋子。高岛说："工作原因，鞋子越来越多。再不收拾一下不行了（笑）。"随意摆放的、很有韵味的运动鞋和虽然有穿着痕迹但保养得很好的皮鞋，无论哪双，都成了反映他生活方式的家居内饰的一部分。2. 年少时开始收集的唱片有1000多张。"假日里扫除和杂务处理完毕，边喝咖啡边听唱片，是最放松的瞬间。"他说着，找到一张喜欢的唱片，悠然地放好唱针，为我们播放音乐。3. 木质物件的质感体现在房间各处，让空间显得柔和。高处的置物架上摆放着陶器、木质小物、书和植物，彰显好品位，这是主张"任何事物都是学习"的高岛的收集品。4. 紧挨着唱片机，摆放日常佩戴的饰物和钥匙、喜欢的古董摆件。唱片清洗机的特征是不过分张扬的简洁设计和有韵味的木纹，品牌是Landscape Products。

363

MY PRIVATE
WARDROBE

高岛会被古董品、日常实用品和能看到背景的物品所吸引。左上是每天使用的 PUEBCO 便当包、拉链小包和 KLETTERWERKS 双肩包。很喜欢古董黄檀木野牛摆件，他还收集了其他木雕动物摆件。马克杯是在奄美大岛活动的新西兰艺术家保罗·洛里默（Paul Lorimer）的作品。OAKLEY 的太阳镜和 WISE MIDDLE 的 T 恤，Alden 的乐福鞋和 ENGINEERED GARMENTS 的彩色外套、短裤等，都是日常服饰。Charme 乐队的唱片是前辈所赠，封面令人深刻印象，里面还翻唱了他最喜欢的一首歌 Georgy Porgy。中下是奈杰尔·皮克（Nigel Peake）的作品集和菊地成孔的散文，右上是大卫·霍克尼（David Hockney）的摄影作品集。

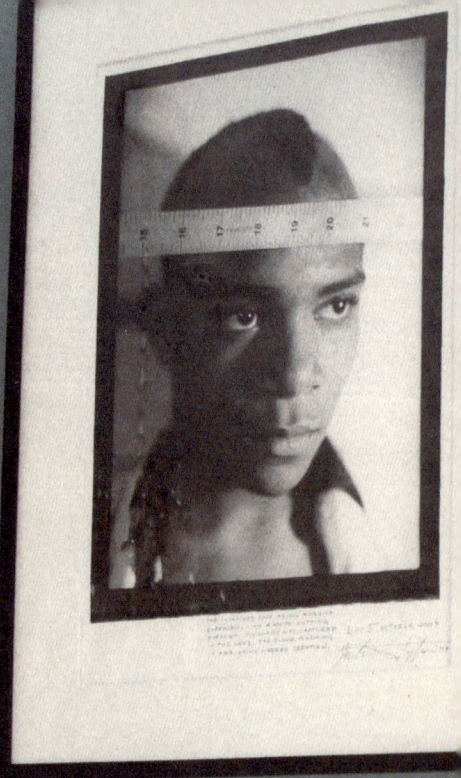

366

户田 慎
户田 衣麻

🏠 | 👪 | BEAMS 买手
EFFE BEAMS 商品策划
37岁、33岁／东京都世田谷区

二层是这栋建筑的主要楼层。来到客厅，目光瞬间被漆成蓝色的墙壁和一张榻榻米大小（1.6平方米）的黑板所吸引。"都是建房子时自己漆的。客厅是按我的爱好来的，我喜欢20世纪70年代后半期到80年代的纽约文化，就以尼古拉斯·泰勒（Nicholas Taylor）拍摄的让–米切尔·巴斯奎特（Jean-Michel Basquiat）的照片作为装饰。"黑板上的绘画令人不禁微笑。有艺术氛围的空间与温馨的日常融于一室，这就是户田的家。

——休息日喜欢如何度过？
和附近亲戚在砧公园野餐。砧公园很漂亮，设施齐全，是和孩子游玩的绝好场所。夏天就去附近的大藏运动公园，有游泳池，直接穿泳衣骑自行车去。

——家居内饰的主题和规则是？
清楚区分自己有讲究的空间和为孩子留出的空间。

——最喜欢家中哪个场所？喜欢在那里做什么？
客厅。采光很好，几乎做任何事都在客厅。

——家中最珍爱的物品是？
植物。之前曾有过多次把植物养死的经历，现在绝不想再把植物养死了。

——正在收集的物品或毫不犹豫就会买下的物品是？
木质家具和摆件。很喜欢手工品的质感，每件的木纹和色泽都不同，碰上自己喜欢的就会买。

——有哪些喜欢的家居品牌或商店？
塔皮奥·维卡拉。

——请给不收拾房间的人一个建议吧。
没有什么特别的，就是使用后物归原位。为了让孩子也养成习惯，会和她一起收拾。

——喜欢什么风格的服饰?
每个季节都不一样,如今会理性地选择风格。早上要抱孩子去幼儿园,也经常去国外长期出差,主要会考虑适合活动和轻便、具有功能性的衣服。

——从何处获取关于家居和时装的灵感?比如常读的杂志和书,或者敬仰的人。
让-米切尔·巴斯奎特、勒·柯布西耶。

——今后想要的东西是?
有一直想要的日本画。

——简要概括,提升品位需要什么?
多去观看被称为名作的物品。我觉得既可以以此了解自己的喜好,也能打磨自己的审美。

——你的座右铭是?
一即一切,一切即一。

1.桌子由塔皮奥·维卡拉设计,可称为厨餐厅的主角。"塔皮奥·维卡拉是芬兰代表性的设计师,推出了许多以自然为原型的设计,真的很酷。他原本不做桌子,这是赠送给 ASKO 公司员工的唯一一件,被我偶然得到。原本就不是售卖的商品,所以没有证书,但却是我的宝物。" 2.黑板是建造房子时自制的。先贴上纤维布,再反复漆涂 FARROW & BALL 公司生产的含铁涂料和黑板漆,可以使用磁贴,还可以画画。3.食器柜上摆放衣麻喜欢的珊瑚团扇藻、仙人球"希望丸"和在旧金山买的摆件等。4.可供全家躺卧的沙发品牌是 KARIMOKU。穿黄裙子的户田家的小公主也很喜欢它。5.客厅一角摆放着旅人蕉果实和非洲阿散蒂族的护身符等。

MY PRIVATE
WARDROBE

户田的衣橱好物。夫妻二人都喜欢靛蓝色。这些好物被摆放在塔皮奥·维卡拉设计的有水波般美丽木纹的桌子上。SLEEPY JONES 的 T 恤和书，向敬爱的勒·柯布西耶致敬。Levi's 513 牛仔裤是 BEAMS 特别定制款，领结品牌是 DRIES VAN NOTEN。手表是衣麻的父母所赠，品牌是 Cartier。黑色表盘是其亮点，这种表盘现已停产。纳瓦霍当地的珠宝艺术家雷·安达凯的腕饰，夫妻二人也有情侣款。水滴形状的木质容器、旅人蕉果实、珊瑚团扇藻、札幌的朋友送的鹿角等，拥有很多自然造型的物品，这也是户田家的特点。

374
安本 悟

BEAMS WEST（现BEAMS 神户）
50岁／兵库县西宫市

"**完**全就是安本民艺馆啊！"其他员工异口同声地对安本家如此评价。虽然刚搬家，有的行李尚未来得及拆开收拾，但映入眼帘的精美器物的数量仍令人惊叹。"民艺品和陶器上寄宿着宁静和温暖呢"，安本如是说。他的住宅自身，也成了安宁、有温度，让人舒适的空间。

——生活方式中最重要的主题是什么？
能感觉到人手的温度。

——休息日喜欢如何度过？
二人在夙川沿岸散步，或是去看器物展和熟人的个展。

——家居内饰的主题和规则是？
无国籍。

——最喜欢家中哪个场所？喜欢在那里做什么？
玄关外面的长椅。饭后看着鳉鱼，抽一根烟，一天的疲劳就烟消云散了。

——家中最珍爱的物品是？
花时间一件件收集而来的陶器。

——正在收集的物品或毫不犹豫就会买下的物品是？
夫妻二人都很喜欢器物，所以会去看个展，看到家里没有的和比较少见的器物就忍不住买下来。

——有哪些喜欢的家居品牌或商店？
没有特别的，喜欢古董品。会按20世纪60年代、70年代做区分，无论国内外的物品都会收集。

——请给不收拾房间的人一个建议吧。
收拾时将不要的东西扔掉。如果这么做东西还是太多，就把房间区域按类别划分，按主题收纳。

——喜欢什么风格的服饰？
美式风格，平时就能穿的类型。

——喜欢用哪些时尚品牌来打造自己的风格？
很钟爱本土品牌，orSlow是喜欢的品牌。

——从何处获取关于家居和时装的灵感？比如常读的杂志和书，或者敬仰的人。
几乎不看杂志。经常看民艺运动各位参与者的照片，将照片中的家具、生活方式、装饰方法等作为范本，可以获得启发和创意。

——今后想要的东西是？
新车。

——简要概括，提升品位需要什么？
不问年代、国别，去看、去接触各种东西，从中获得启示。

1. 安本家里全是土壤、木制品、绿植。黄麻挂绳垂吊的观叶植物充满活力，散发个性。2. "并不是想收集才收集的……"安本收集了许多器物，在用壁橱改造的收纳柜中，小鹿田烧、冲绳施釉陶器等的数量多得令人吃惊。3. 玄关前和室内飘荡的香气来自女主人甄选的线香和蜡烛。以香气待客，是让人开心的亮点。4. 玄关前的鸟笼中装着茁壮生长的观叶植物。枝叶伸出的方式和小猩猩摆件的处理等，能看出夫妻二人的幽默感。5. 安本夫妇都喜欢老物件。木箱、筐子、桌子、瓶等，他们很好地将这些传统好物搭配在一起使用。

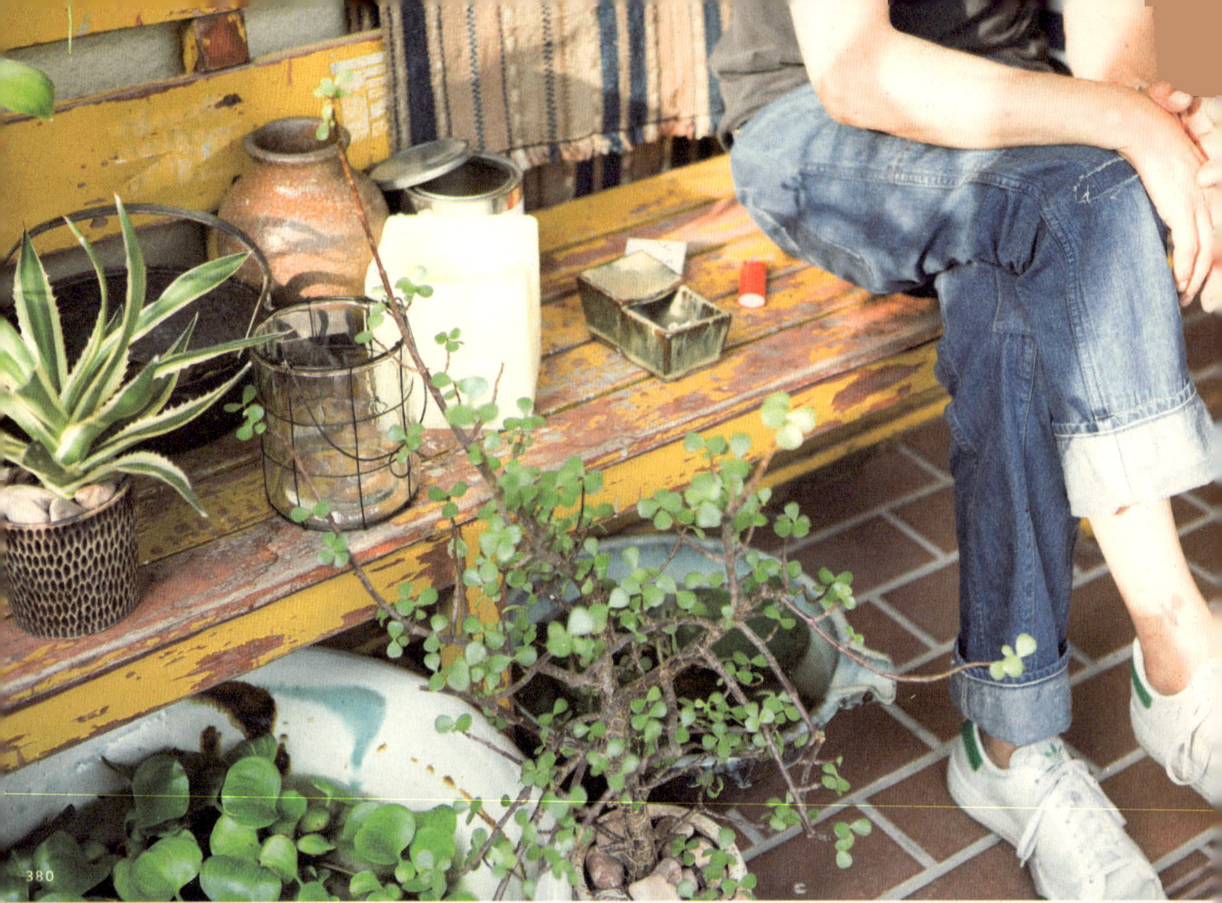

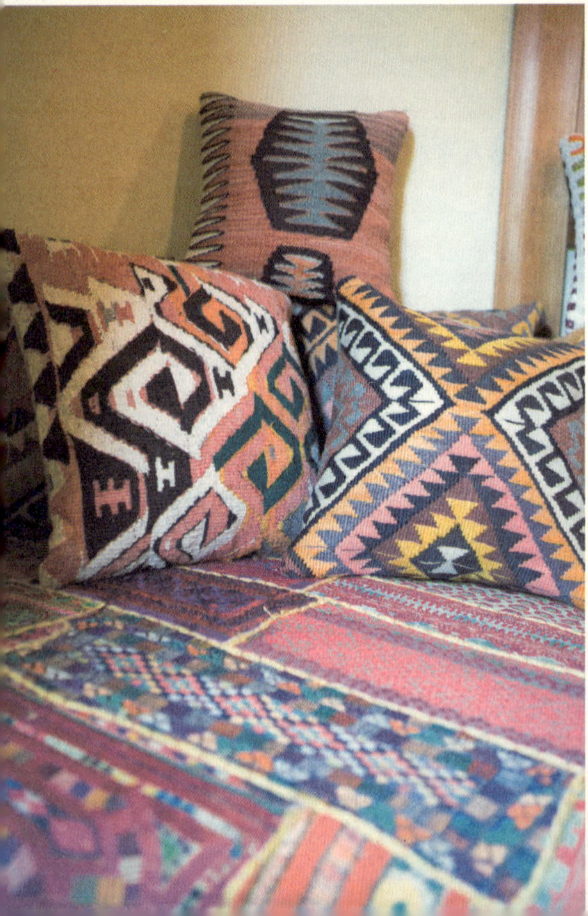

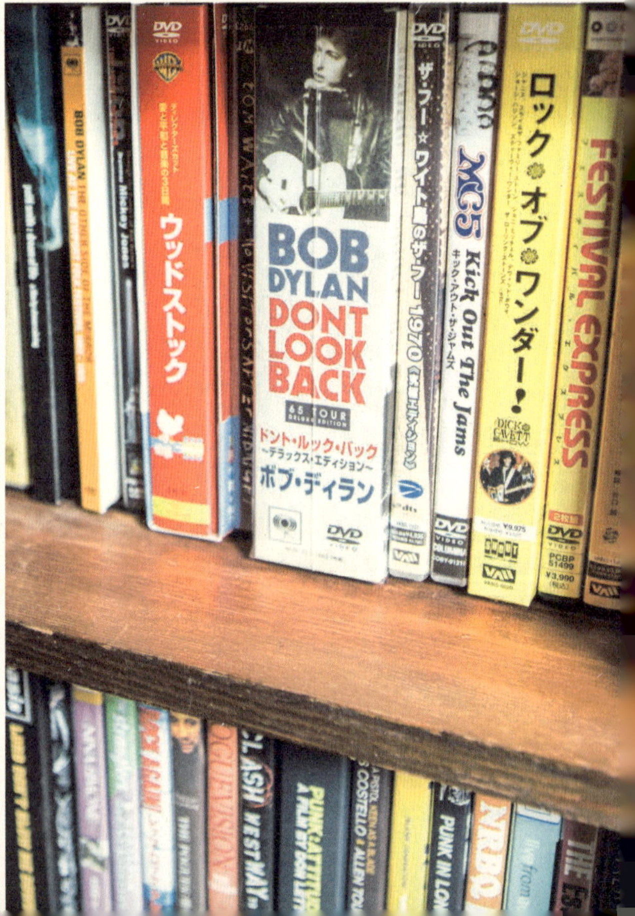
ウッドストック
BOB DYLAN
DONT LOOK BACK
ドント・ルック・バック
～デラックス・エディション～
ボブ・ディラン
MC5
Kick Out The Jams
ロック☆オブ☆ワンダー！
FESTIVAL EXPRESS

MY PRIVATE
WARDROBE

左边是非常吸引安本的施釉陶器。高帮 CONVERSE、GANRYU 牛仔裤、fennica 原创的 sanca 蓝染 T 恤等，是喜欢美式休闲的安本的典型穿搭。引人注目的外套是 fennica 的原创品，安本经常将它与靛蓝色搭配。双肩包是北欧 FJÄLLRÄVEN 出品的。右下的布品是蓝染古布，安本曾对靛蓝色情有独钟，这是他在收集布品时看中的。中央是日常佩戴的 MOSCOT 眼镜和 SLOW WAGON 原创制作的银质印第安腕饰。

小西家的每一天都有爱犬尼科和牛奶陪伴。天气好的假日，全家一起去狗公园散步。在家的日子会舒服地待在喜欢的汉斯·瓦格纳沙发上。客厅中备齐了有些年代感的北欧vintage家具，摆着奇怪的观叶植物，除此之外还有印有两只爱犬头像的公仔、蜡烛和小狗形状的艺术品。与爱犬相伴的生活让小西心中充满了爱。

——生活方式中最重要的主题是什么？
动物。波士顿梗犬尼科（4岁）和牛奶（2岁）。

——休息日喜欢如何度过？
和妻子、爱犬一起出去散步，去狗狗公园和狗狗餐厅。

——家居内饰的主题和规则是？
因为有狗，地板上不会摆放装饰，会选择有腿的家具。

——最喜欢家中哪个场所？喜欢在那里做什么？
客厅，特别是沙发。可以和爱犬一起玩耍或是读书，是心灵休憩的场所。

——家中最珍爱的物品是？
汉斯·瓦格纳的沙发。三把座椅中，改变其中一把座椅的颜色作为点缀。

——正在收集的物品或毫不犹豫就会买下的物品是？
狗狗相关的物品、摆件之类。照相机镜头。

——有哪些喜欢的家居品牌或商店？
北欧家具品牌talo。

——请给不收拾房间的人一个建议吧。
丢弃物品的勇气。不要觉得麻烦，要养成马上收拾的习惯。

——喜欢什么风格的服饰？
喜欢穿外套和衬衫，加入一些玩心的风格。

——今后想要的东西是?
扫地机器人。

——简要概括,提升品位需要什么?
积累经验。

——你的座右铭是?
球道即人道(棒球的哲学就是人生的哲学)。

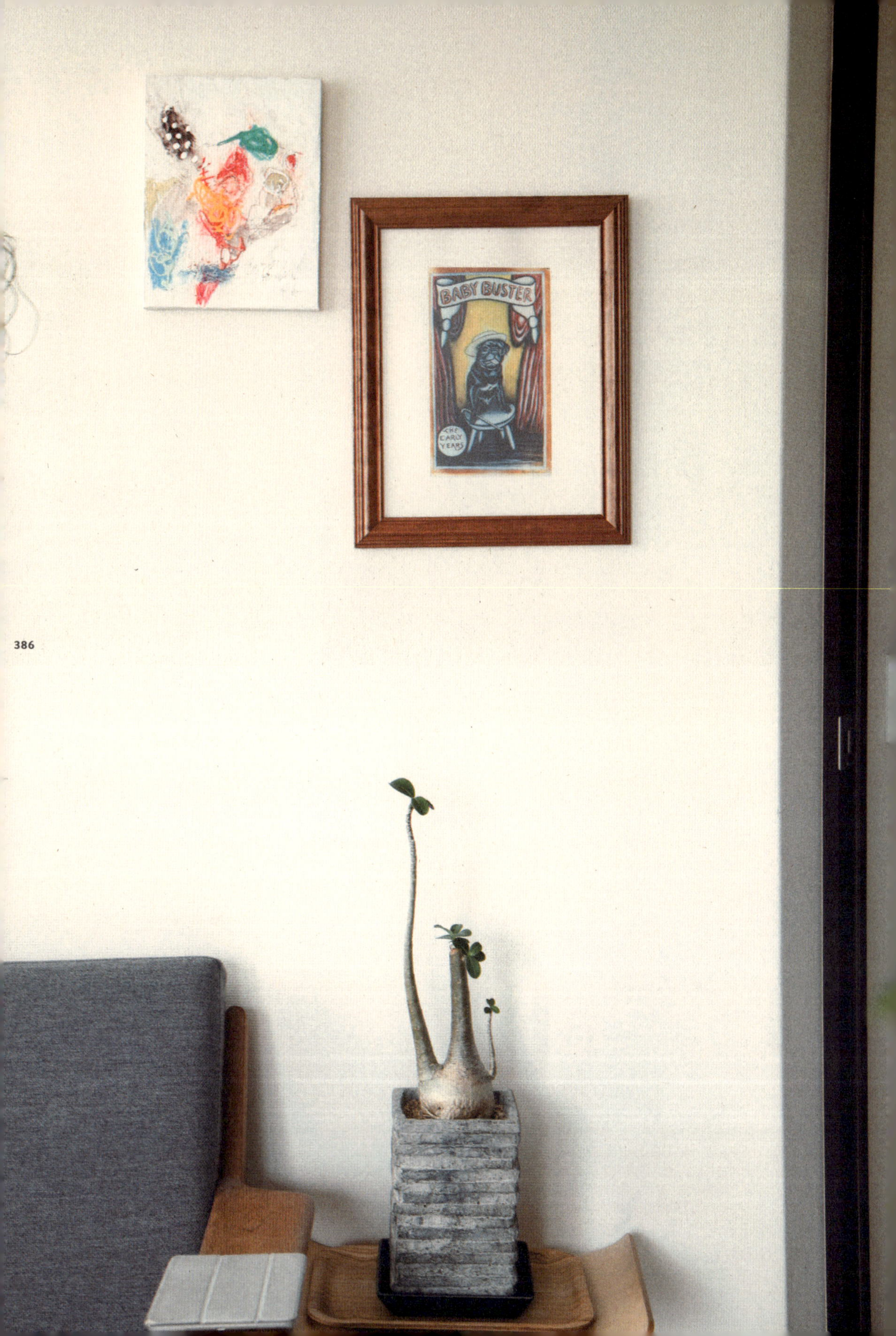
BABY BUSTER
THE EARLY YEARS

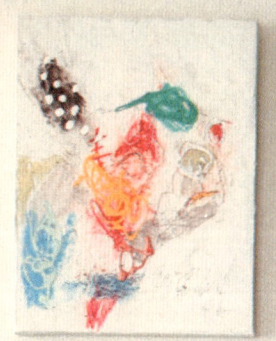

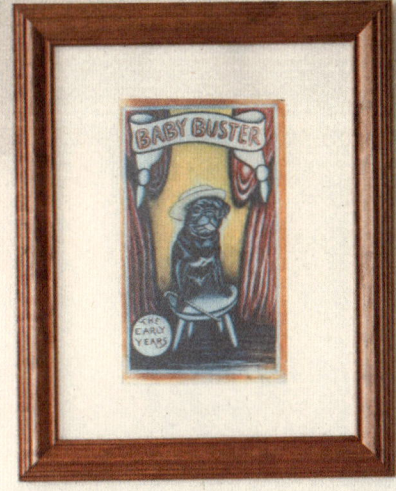

1. 小西家动物形状的摆件很多。电视柜上是丽莎·拉森和白山陶器等的个性派喵星人大集合。在石神井的尾崎鲜花公园和小西老家彦根购买的观叶植物等,与阿尔瓦·阿尔托的窗帘透出的光相得益彰,营造出一处舒适的空间。2. 朋友是公仔艺术家,这是从他自创的ZERO AND MAMI 品牌定制的尼科和牛奶的公仔。转印的脸孔搭配爆炸头很是可爱。3. 这里是为尼科和牛奶准备的房间。两只狗狗的衣服收纳在从 FUSION INTERIORS 购买的柜子里,"连公寓收纳柜里的都算上一共有 120 多件"。柜子上摆放着猫头鹰储蓄罐等鸟类形状的摆件,还有甲子园参赛纪念盘!4. 正因为这个步入式衣帽间,才决定买下这处房子,夫妻二人的 100 多双鞋都收纳于此。"妻子比我还要对时尚上瘾(笑)。"

MY PRIVATE
WARDROBE

这些物品都能体现小西的为人秉性。外套和牛仔裤是 BEAMS LIGHTS 独家销售的 MIC*ITAYA 的。CHANTECLAIR 的 T 恤以简洁的轮廓见长。Alden 的鞋子是送给妻子的订婚礼物。棒球手套是参加甲子园大赛时使用的特别定制品。眼镜是白山眼镜店的 "1975" 款，感觉和自己 "同年"，很有缘。披头士乐队也是小西喜欢上服装的原因之一。marimekko 帆布包在上班时使用。尼科和牛奶的项圈品牌是 Extra+Heavy，狗狗衣服是在 candydog 和 SANSAIDOG 定制的。喜欢用 Canon 的 EOS 70D，镜头是 70mm—200mm 的变焦镜头与标准镜头！

这是一处位于幽静住宅区的独栋住宅，还未进入就让人心情爽朗。长友从房子中走出迎客，她是位与这处住宅同样迷人的女性。进入屋内，只见长友收集了很久的美国本土饰物被摆放得很有高级感，现代风的家居内饰也与豁达氛围十分相配，这里全是些让人一见倾心的好物。遇见心爱之物，就会收集，这也充分表现出长友的性格。

——生活方式中最重要的主题是什么？
旅行、音乐和酒。

——休息日喜欢如何度过？
根据日头高度更换位置，在家中各处放松。

——家居内饰的主题和规则是？
美国20世纪50年代的设计和印第安文化的融合。

——最喜欢家中哪个场所？喜欢在那里做什么？
在沙发上边听音乐边午睡。

——家中最珍爱的物品是？
vintage玻璃杯、包袋、食器。

——正在收集的物品或毫不犹豫就会买下的物品是？
包袋、鞋子、手帕、玻璃杯。

——有哪些喜欢的家居品牌或商店？
没有特别的品牌。旅行时会在当地购买。

——请给不收拾房间的人一个建议吧。
自己当不了极简主义者，没法给建议(笑)。

——喜欢什么风格的服饰？
以轻松的传统美式服饰为基础，搭配喜欢的单品：(1)漂亮的20世纪五六十年代的单品；(2)摇滚风单品；(3)印第安银饰。

——喜欢用哪些时尚品牌来打造自己的风格？
RALPH LAUREN。

——从何处获取关于家居和时装的灵感？比如常读的杂志和书，或者敬仰的人。
20世纪50年代的美式风格。

——今后想要的东西是？
vintage的烈酒杯。

——简要概括，提升品位需要什么？
了解适合自己的颜色、形状、尺寸的平衡。

——你的座右铭是？
标准与惊喜。

1.卧室柜子上像商店那样展示着许多饰物。都是最喜欢的20世纪50年代和美国本土的饰品。摆在柜上的照片是为长友洗礼的比利·耶罗（Billy Yellow）先生，他还曾参演过约翰·福特（John Ford）导演的《黄巾骑兵队》（She Wore a Yellow Ribbon），是一位有名的巫医。2.整洁干净的步入式鞋柜，贴上拍立得照片分类摆放，就知道想穿的鞋子装在哪个鞋盒里。3.推开玄关门映入眼帘的是镜框里的vintage方巾。新墨西哥图案的织品和仙人掌，是符合长友世界观的风格。4.客厅柜子中装满了唱片和老电影录像带。在沙发上放松，边喝酒边听音乐是最幸福的时刻。

394

MY PRIVATE
WARDROBE

长友的衣橱好物。左上的银色手包在强烈地表达着 vintage 时尚，是长友最喜欢的璐彩特（lucite）材质的 20 世纪 50 年代制品。木质拎包是得克萨斯设计师伊妮德·柯林斯（Enid Collins）的作品，其亮点是带有镜子。最近购买的 CROSLEY 唱片机是与《花生漫画》（*PEANUTS*）的限定联名款。鞋子是 SPERRY TOP-SIDER 的 20 世纪 70 年代库存品，有好几双，这是其中之一。摩托夹克是 BEAMS 也有售的 beautiful people 的。右下装满珠宝的筐子是接受洗礼时使用过的物品，很有纪念意义。

这处独栋住宅建在小山坡上,被大自然环绕,能感受到季节变换。推开玄关门,就看到宽敞的门厅和开放敞亮的客厅。讲究木材的装修中体现出伊豆原温和的性格。"建造房屋时希望能充分发挥自己的爱好",正如他所说,可以看出在他们的生活中有户外、园艺、摩托车、汽车等众多爱好。全家在面朝庭院的木质露台上度过的时间是最幸福的时光。

——生活方式中最重要的主题是什么?
乡下慢生活。

——休息日喜欢如何度过?
开车或骑摩托车兜风,打理庭院。

——家居内饰的主题和规则是?
使用木质、布质、纸质等,能享受触感和质感,品味其历年变化的物品。

——最喜欢家中哪个场所?喜欢在那里做什么?
在木质露台上喝酒。

——家中最珍爱的物品是?
作为结婚纪念购买的布鲁诺·马松的沙发。

——正在收集的物品或毫不犹豫就会买下的物品是?
吹制玻璃工艺的食器。

——有哪些喜欢的家居品牌或商店?
广岛的二手店"one or eight"。

——请给不收拾房间的人一个建议吧。
一天彻底清理一个位置。

——喜欢什么风格的服饰?
户外、冲浪、运动混搭,然后去骑摩托车。

——喜欢用哪些时尚品牌来打造自己的风格?
patagonia。

——从何处获取关于家居和时装的灵感?比如常读的杂志和书,或者敬仰的人。
房子和家居内饰都会参考建筑师中村好文先生和他的著作《普通的住宅、普通的别墅》。

——今后想要的东西是?
布吉·摩根森的"3171 长椅"。

——简要概括,提升品位需要什么?
要重视亲自去看、体验、感受。

——你的座右铭是?
认真处事,但别想太多(博志)。
健康度过每一天(千春)。

1. 没有任何隔断的客厅右端，是一片榻榻米区域。使用正方形的琉球榻榻米，所以"日式"风格并不突兀，有种现代、轻松的氛围。沿窗边制作的矮桌非常适合孩子玩耍和书写。2. 房屋外观是简洁的直线型。连通客厅大窗的木质露台是伊豆原夫妇喜爱的场所，他们或是在此处晚酌，或是看景色、发呆。露台一角还摆放着女主人千春的盆栽植物。3. 女儿一岁半，齐刘海的娃娃头非常可爱。原本户外和野营就是夫妻二人的爱好，今年计划挑战初次全家三人行。4. 天井正上方是博志可以充分享受爱好的区域。有许多摩托车模型和汽车、住宅相关的书籍等。"我喜欢特意花点时间来这里的感觉（笑），每天睡前都会来这里坐下看书。"

MY PRIVATE
WARDROBE

伊豆原的户外装备，"下海登山都不在话下！"胭脂色的 snow peak 帐篷、右上角的 MSR 防水布是常用的野营装备。睡袋下方铺的绿色 THERM A REST 地垫和 PENDLETON 毯子也非常好用。还有帐篷中使用的 LED 灯和野外烧水用的 JETBOIL 户外炉具，也会常备可以使用太阳能充电的 GOAL ZERO 太阳能发电机，阵容强大，毫无遗漏。自己的服装是轻便的 patagonia 拉链外套和 ARC'TERYX 裤子。中央靠左是 snow peak 三明治机、PORLEX 磨豆机和 mont-bell 野外用滴滤壶。带上这些出门，在大自然中制作早餐，想必也很开心！

404
斋藤 正志
BEAMS HEART 视觉陈列师
46岁/东京都荒川区

非洲儿童制作的挂毯和日本民艺品以一种不可思议的平衡感存在于这间客厅里，天童木工的摇椅在一旁晃动。在各种新鲜的组合中听了对方的介绍，竟然又发现自行车、野钓鲈鱼、滑板等装点生活方式的要素。斋藤家最新的流行物品就是从街头复兴的剑球。不知不觉间就会来一场亲子剑球大赛！父亲的假日总是特别忙。

——生活方式中最重要的主题是什么？
在东京都内(市中心)运动、户外活动、酒。

——休息日喜欢如何度过？
全家到上野附近闲逛后去荞麦面店喝小酒。还有就是野钓鲈鱼，会认真与鱼较量。

——家居内饰的主题和规则是？
中世纪，北欧+民艺的混合。

——最喜欢家中哪个场所？喜欢在那里做什么？
在客厅玩剑球。

——家中最珍爱的物品是？
孩子绘制的路亚拟饵"痴虫"。

——正在收集的物品或毫不犹豫就会买下的物品是？
民艺品食器和筐子。

——有哪些喜欢的家居品牌或商店？
fennica。

——请给不收拾房间的人一个建议吧。
倒希望别人告诉我……

——喜欢什么风格的服饰？
美式学院风。在经典搭配中加入有跳脱感的单品。

——喜欢用哪些时尚品牌来打造自己的风格？
没有特别的。

——从何处获取关于家居和时装的灵感？比如常读的杂志和书，或者敬仰的人。
非常欣赏青山二郎挑选物品的眼光。

——今后想要的东西是？
塔皮奥·维卡拉的设计品，特别是Ultima Thule系列的高球鸡尾酒(highball)玻璃杯，用来喝高球和莫吉托……

——简要概括，提升品位需要什么？
多买，经历多次失败，还有让自己具备能留意到日常细微变化的感性。

——你的座右铭是？
Don't think. Feel. (不要去思考，要去感受。)

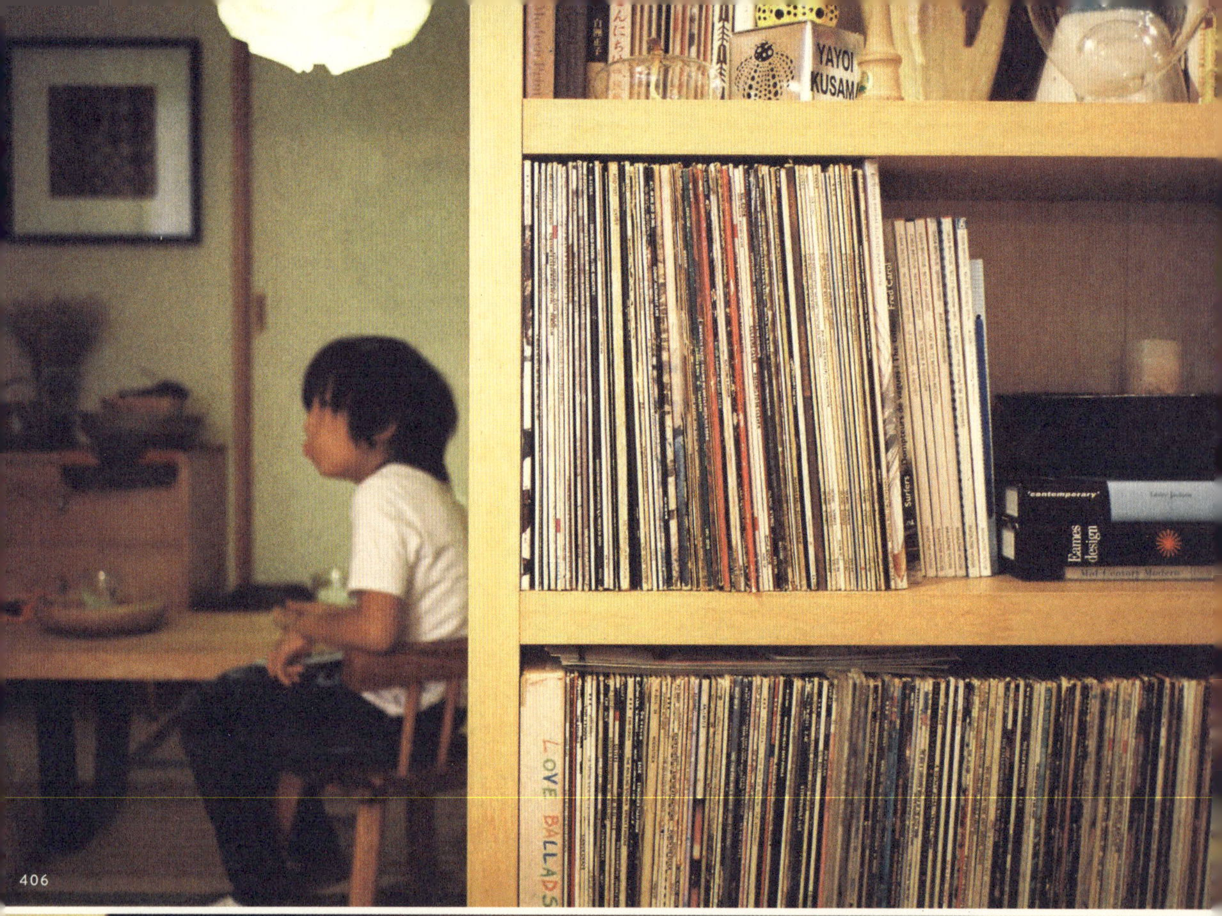
YAYOI
KUSAMA
'contemporary'
Eames
design
LOVE BALLADS

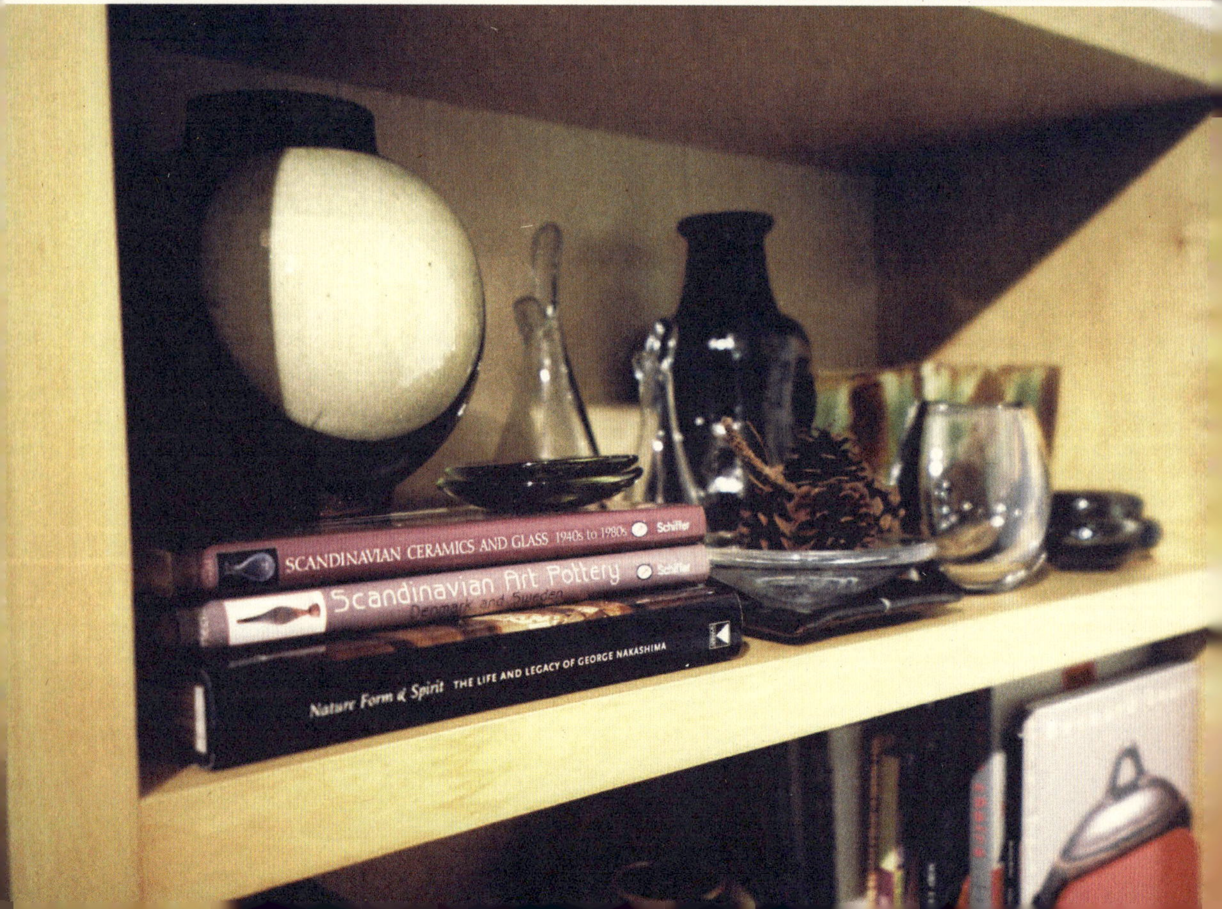
SCANDINAVIAN CERAMICS AND GLASS 1940s to 1980s Schiffer
Scandinavian Art Pottery Denmark and Sweden Schiffer
Nature Form & Spirit THE LIFE AND LEGACY OF GEORGE NAKASHIMA

1. 因为喜欢，斋藤从以前就一直收集民艺器物，分为日常用、待客用和鉴赏用。喜欢鹿儿岛传统的龙门司烧，"被其现代感的设计所吸引"。
2. 知名品牌BIKE FRIDAY的高性能自行车，折叠后能收进行李箱中。这辆车是私人定制款，像美款车那样使用珍珠漆重新喷涂，更换成高制动性能的nokon刹车线。骑着这辆车在荒川的土路上飞驰很痛快。
3. 心爱的民艺品自然随意地摆放，赋予房间舒适的韵律。斋藤也会负责店铺陈列，所以通过陈设去展示每件物品的魅力对他而言是信手拈来。4. 大滑板也被用作室内装饰，上面印有丰田弘治的插画，他是一位与BEAMS也有联名合作的冲浪艺术家。墙上挂的是斋藤家孩子出生时丰田老师赠送的珍贵作品。

409

MY PRIVATE
WARDROBE

斋藤喜欢运动,这些是他的衣橱好物。右上是 KLETTERWERKS 大容量双肩包,工作时使用也很方便。上面摆放的路亚拟饵是孩子们绘制的,在世界上独一无二,就像抽象派的艺术品。右下方的皮鞋是法国老牌 J.M.WESTON 的 "GOLF"。带有显眼 "FRANK" 标志的鸭舌帽是 FRANK BOOK JP 监制的日本制商品之一。SUNSET SKATEBOARDS 滑板,滑起来轮子会发光,很有趣。下面是平时工作用的 iPad 和文件夹。斋藤家最流行的剑球是山形工房生产的手工艺品,还获得了日本剑球的认证。左边是 Brooks Brothers 衬衫和亮黄色的 BIRDWELL 防风外套。

412

相良 祐基

设计部
33岁 / 东京都新宿区

相**良说**："紧邻新宿御苑，窗外就像一片原始森林。离工作地点骑车不到十分钟的距离，对这点很中意。"他是个格外热爱自行车和芋烧酒的人。拍摄时外墙正在进行修葺，无法看到令他引以为傲的美景，但看到房间里巨大的龟背竹和多肉植物在安静地呼吸，讲究材质的家具齐备，就让人极度舒适。在这个房间边喝芋烧酒边度过假日……嗯，确实很有吸引力。

——生活方式中最重要的主题是什么？
自行车、酒（特别是芋烧酒），身处市内却能感受大自然的生活。

——休息日喜欢如何度过？
吃喜欢的食物，喝美酒。

——家居内饰的主题和规则是？
因为是租住，没有那么大余地去追求舒适，但我还是开了线槽，提升了照明的自由度，使用地毯为便宜的地板营造氛围感，家具也尽量选质感好的。

——最喜欢家中哪个场所？喜欢在那里做什么？
在沙发上边喝酒边看自然纪录片，看书。

——家中最珍爱的物品是？
植物。

——请给不收拾房间的人一个建议吧。
是自己的地盘所以稍微乱点也没关系，不过建议将收纳空间的内部适当做些区分，收拾物品时就不会那么麻烦。

——喜欢什么风格的服饰？
简洁好穿，经久不褪色的风格。

——喜欢用哪些时尚品牌来打造自己的风格？
没有固定的风格，但在工作中与什么接触越多，就会对什么涌现更多热爱。

——从何处获取关于家居和时装的灵感？比如常读的杂志和书，或者敬仰的人。
柏林的设计师莱纳·斯佩尔（Rainer Spehl）。

——今后想要的东西是？
可以的话我想把墙漆一下，或者贴上不留胶痕的墙纸。

——简要概括，提升品位需要什么？
仔细观察品位好的人和物品，一点点去吸纳。

1. 相良家有许多食器。冲绳陶器很多,是在BEAMS一件件购置积攒而来。2. 休息时间最喜欢一手拿着烧酒,窝在沙发上看自然纪录片。沙发上方悬挂着THE FUTURE MAPPING COMPANY的地图,"使用了ORSKOV海报挂杆,简洁轻便,推荐"。3. 烧酒瓶整齐摆放在柜子中。"最常喝鹿儿岛的芋烧酒'六代目百合'。香气非常浓郁,很好入口。"柜子上摆放着善光寺的达摩和在SOLSO FARM购买的植物。4. 电视前摆放的格纹矮凳竟然是相良手工制作的。"这是来BEAMS就职前大概一年,为柏林的家具设计师做助手时制作的。布料原本是做拖鞋的,因为喜欢它的质感就用在凳子上了。"

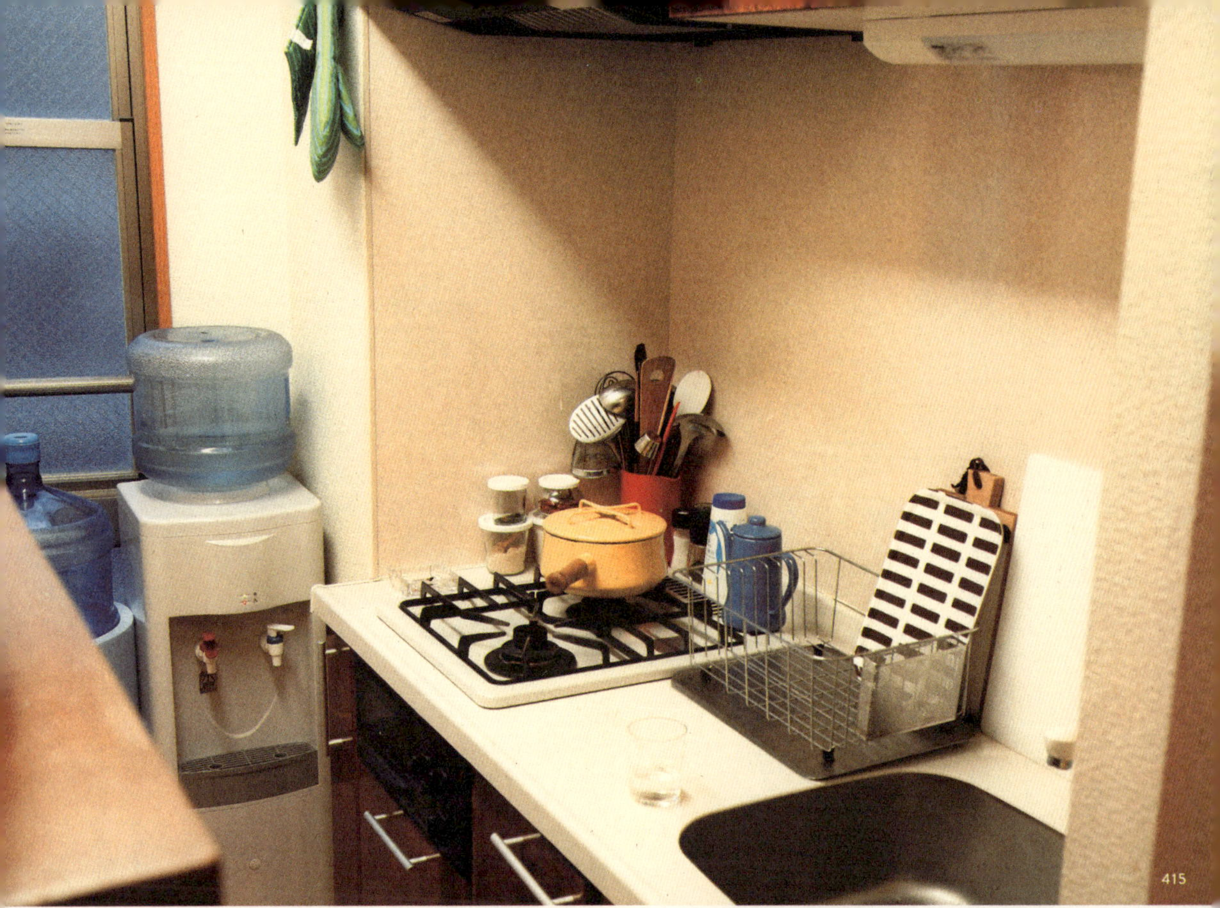

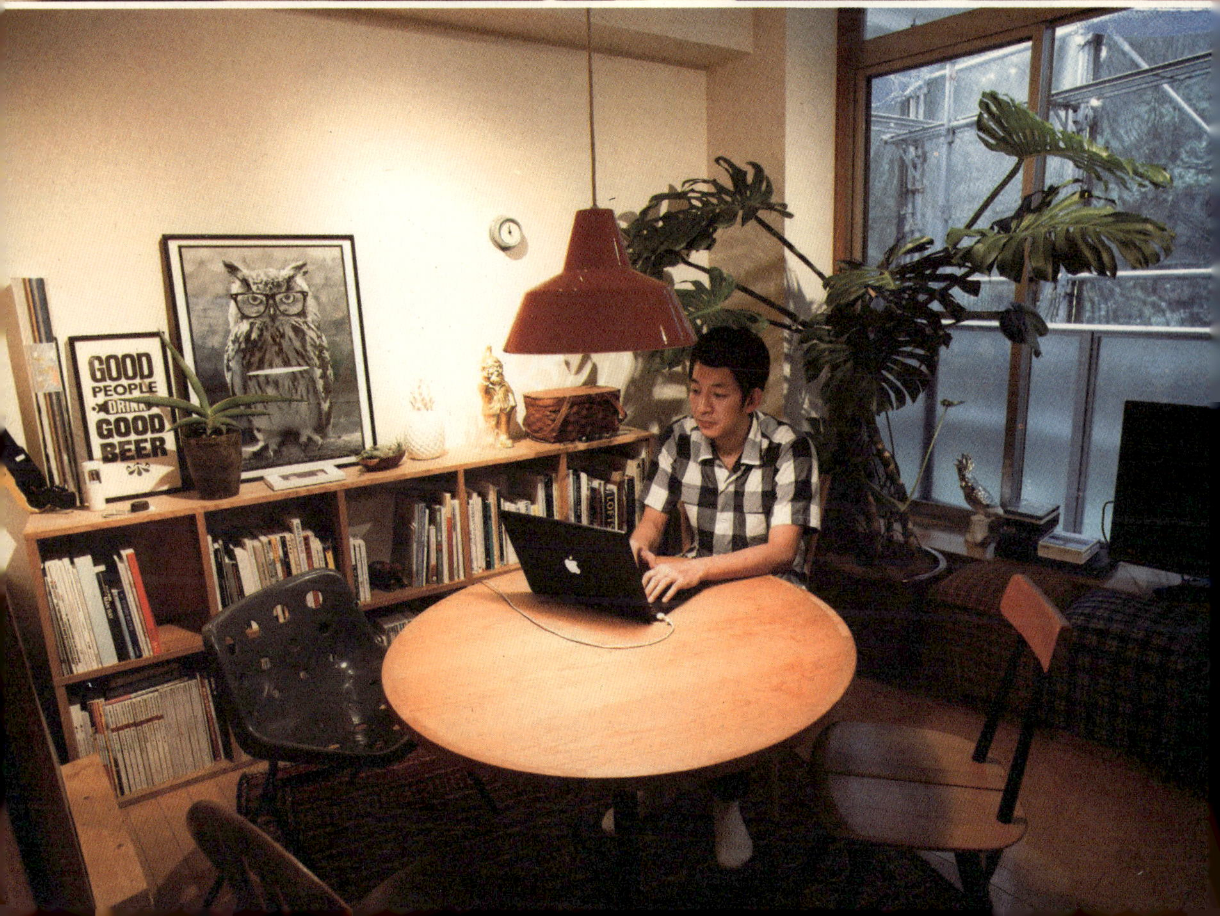
GOOD
PEOPLE
DRINK
GOOD
BEER

MY PRIVATE
WARDROBE

相良的衣橱好物，关键词是经典、自行车、设计感和在家喝酒。
SAINT JAMES 针织衫和 VANS 运动鞋等，服饰喜欢永恒
的经典款。最近才开始穿的短裤购于 fennica。CUTLER
AND GROSS 太阳镜在骑车上班时不可或缺。artek 的卷尺、
盲人自创品牌 D.I.M 的刷子，还有拍摄三明治截面的摄影集
很有设计感，所以很喜欢。烧酒杯和 BBC EARTH 的 DVD
是在家喝酒时的重要伙伴。集成橡木、松木和水曲柳等木材
的万能板，是师父为相良做的，是件在沙发上写东西时也能
用到的好物。

418
田村 笃史
BEAMS WEST（现BEAMS 神户）
40岁 / 兵库县神户市中央区

穿过走廊走进客厅，就看到充足的阳光从大窗照射进来。全家其乐融融地聚在沙发上，谈笑声响彻房间。"我觉得家可以体现出人性"，田村说，他的住宅被众多绿植和木质小物所围绕，是一处柔和的空间。"只是将喜欢的物品，按照喜好去收集"，这些家居内饰，都反映出田村家的自然随性。

——生活方式中最重要的主题是什么？
全家在一起的时间。也重视其他各种时间，但最珍惜与家人度过的时间。

——休息日喜欢如何度过？
比上班还要早起，骑自行车去附近的山上，回来后和家人一起玩到晚上。

——家居内饰的主题和规则是？
把喜欢的物品按照自己的喜好摆放，就显得自然和谐。有基督教风格和印第安风格的物品，vintage木质玩具也很多。到处都是绿色。

——最喜欢家中哪个场所？喜欢在那里做什么？
阳台。有时间的话就会摆弄自行车和植物。

——家中最珍爱的物品是？
vintage木质玩具和野则温泉的乡土玩具鸽子车。

——正在收集的物品或毫不犹豫就会买下的物品是？
vintage木质玩具、印第安手工艺品、观叶植物。

——有哪些喜欢的家居品牌或商店？
Like Like(神户)、101(神户)、COME TOGETHER(奈良)。

——请给不收拾房间的人一个建议吧。
不收拾也没关系吧。只要让空间显得宽敞，就算不收拾看上去也像收拾过一样。

——喜欢什么风格的服饰？
户外混搭风的美式休闲。

——喜欢用哪些时尚品牌来打造自己的风格？
patagonia。

——从何处获取关于家居和时装的灵感？比如常读的杂志和书，或者敬仰的人。
NAKISURF船木三秀的摄影作品集。生活灵感就在自然中，所以比起人造物品，从自然界中获得的灵感更多。

——今后想要的东西是？
木扶手的沙发。

——简要概括，提升品位需要什么？
看更多的东西，考虑更多。与人深聊一次，胜读十本书。经验也会成为品位。

——你的座右铭是？
自然随性。

1.喜欢的印第安布品和基督教小物聚集的一角。没有特别的规则，随意摆放就已经很和谐。2.到处都有植物，彰显田村家自然随性的生活方式。爱女为爸爸画的画像是珍贵的宝物。3.田村很喜欢大镜子前的这处角落。这里摆放着公司后辈依照田村的外貌凭想象描画的女儿的肖像画。4.玄关门旁悬挂小物的区域。美式波普风小物反映出田村的玩心。5.由丽莎·拉森设计、以狮子和猫为原型的摆件和太太喜欢的柚木沙弥郎的型染画。田村喜欢琉球张子（纸浆玩具）和民艺，会收集绘本和小物。这些都是让房间氛围更轻快的温暖人心之物。

421

422

MY PRIVATE
WARDROBE

从衣橱好物一眼就能看出田村的爱好与自行车相关。有速降车用的头盔、护目镜和鞋子，爱用的裤子、手套，还有全地形山地车用的头盔和护膝护肘，紧急时刻用的充气筒和工具。他甚至"想把自行车也摆出来"，衣橱中几乎都是与自行车相关的物品。THE NORTH FACE 的 T 恤也挑选了齿轮形设计的，这种热爱和讲究令人赞叹。

424
君岛 聪子

BEAMS TIME
36岁/东京都杉井区

奇形怪状的仙人掌、带面孔的摆件、有图案的布品等，个性派物品聚集公寓一室，甚至让人不禁想象，没人时它们或许会一起聊天吧……"喜欢带面孔的物品，不知不觉间收集了很多。会觉得那种悚然的感觉很吸引人。"住在这里的君岛如是说。莫名怪诞又可爱，满载图案却又有清爽感，这处时尚的房间，完全就是君岛自己的写照。

——休息日喜欢如何度过？
吃美食、看电影、短途旅行（不论国内外）。

——家居内饰的主题和规则是？
家具是简洁款，以布品打造活泼氛围。

——最喜欢家中哪个场所？喜欢在那里做什么？
沙发附近。边看植物边看电视，因为我是电视迷，所以会一直看电视（主要是体育和综艺）。有时也读小说。

——家中最珍爱的物品是？
食器。因为我最喜欢的就是吃。在收集冲绳陶器，无论日式料理还是西餐，在它的衬托下看起来都很美味。最喜欢山田真万的食器，还有就是BEAMS TIME也有售的HEATH CERAMICS。

——正在收集的物品或毫不犹豫就会买下的物品是？
带面孔的摆件。以前就喜欢笑脸表情，旅游时在万花筒美术馆买了面孔形状的万花筒，就此开始收藏。之后又收集了海绵擦和厨房巾等，旅游时在家居商店看到奇怪样式的物品就会买回来。最近在寻找仙人掌花盆，逛了好多家店。

——有哪些喜欢的家居品牌或商店？
CINQ，吉祥寺的Roundabout。

——请给不收拾房间的人一个建议吧。
我也不擅长收拾，只有邀请人来做客时才能勉强收拾一下。

——喜欢什么风格的服饰？
民族风图案的单品＋运动鞋。

——喜欢用哪些时尚品牌来打造自己的风格？
各式各样都有，没有特别的风格，上个季节最常穿的是BEAMS BOY特别定制款的Needles阔腿裤。品牌方面喜欢Etable of Many Orders、BESS NIELSEN等虽简洁，裤型却与众不同的衣服，与旅行时购买的有个性图案的单品搭配。

——从何处获取关于家居和时装的灵感？比如常读的杂志和书，或者敬仰的人。
去欧洲或亚洲等地旅游时，看到的商店里的人或走在街上的人。

——今后想要的东西是？
墙纸。想重新张贴厨房和厕所的墙纸。

——简要概括，提升品位需要什么？
我也想知道(笑)。我本来好奇心就很强，会去很多地方，和许多朋友聊天，吸收新东西。

——你的座右铭是？
活在当下。

1.玄关旁边挂着公司后辈也是朋友拍摄的旧金山的照片和猫形状的纸艺挂饰。"以前就喜欢挂饰,挂在这里当作纪念。不知照片应该挂在哪里,最后就决定放在玄关旁边。不过,这两件东西风格有点不搭调(笑)。"话虽如此,整个房间的格调都很统一,能体现君岛的品位。2.这处房间的特征是悬挂起来的物品很多。镜旁是小型观叶植物和一脸正经仿佛要伺机而动的小鸟玩偶。3.极具个性的多肉植物和仙人球来自植物商店"丛"和鹤仙园等,在BEAMS TIME 也有售,是君岛一棵棵购买而来的。吸引她的原因是它们有点"怪异"。4.厨房附近也有心爱的好物。炉灶上盖着今季流行的可爱风格鱼形印花桌布。托盘是在修善寺购买的拼木制品。旅行时购买的调料种类繁多,应有尽有。

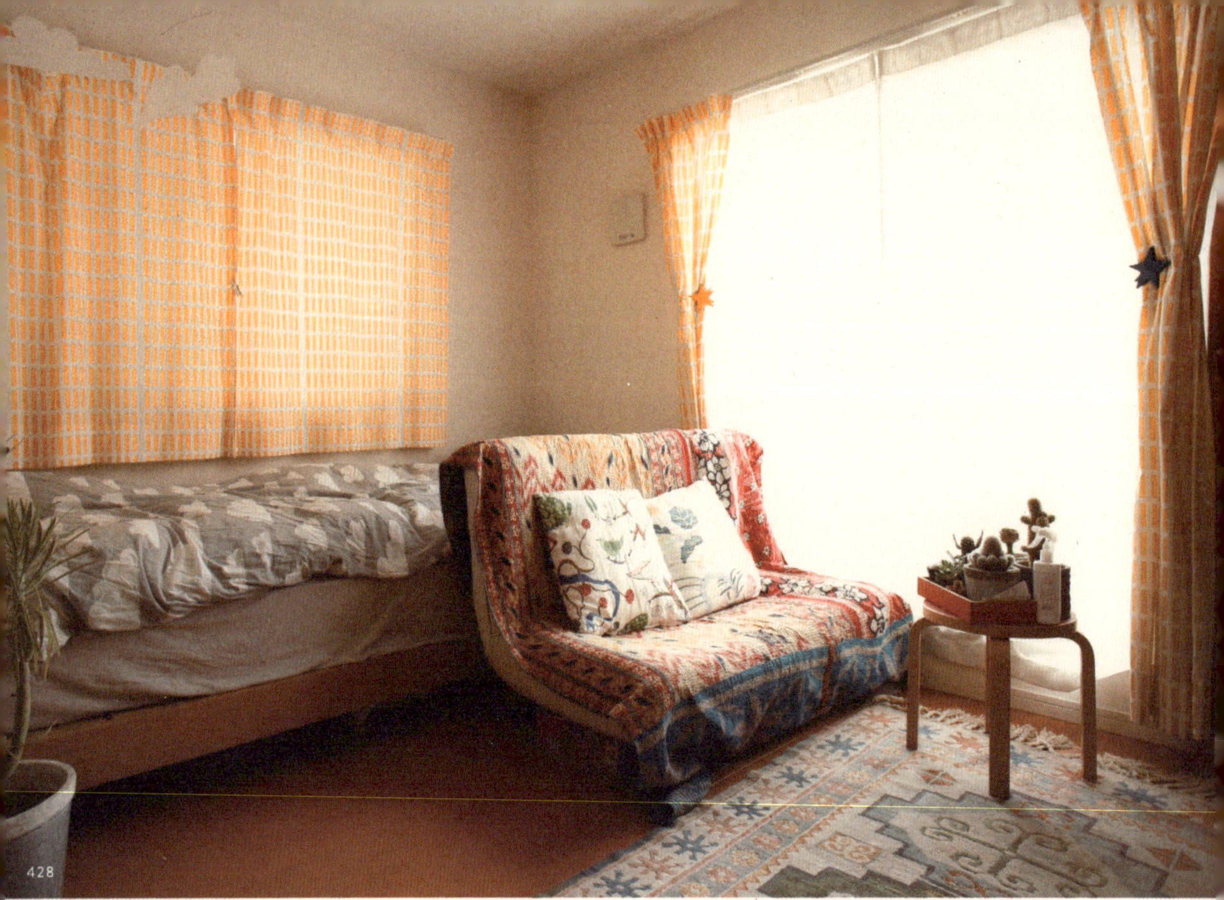

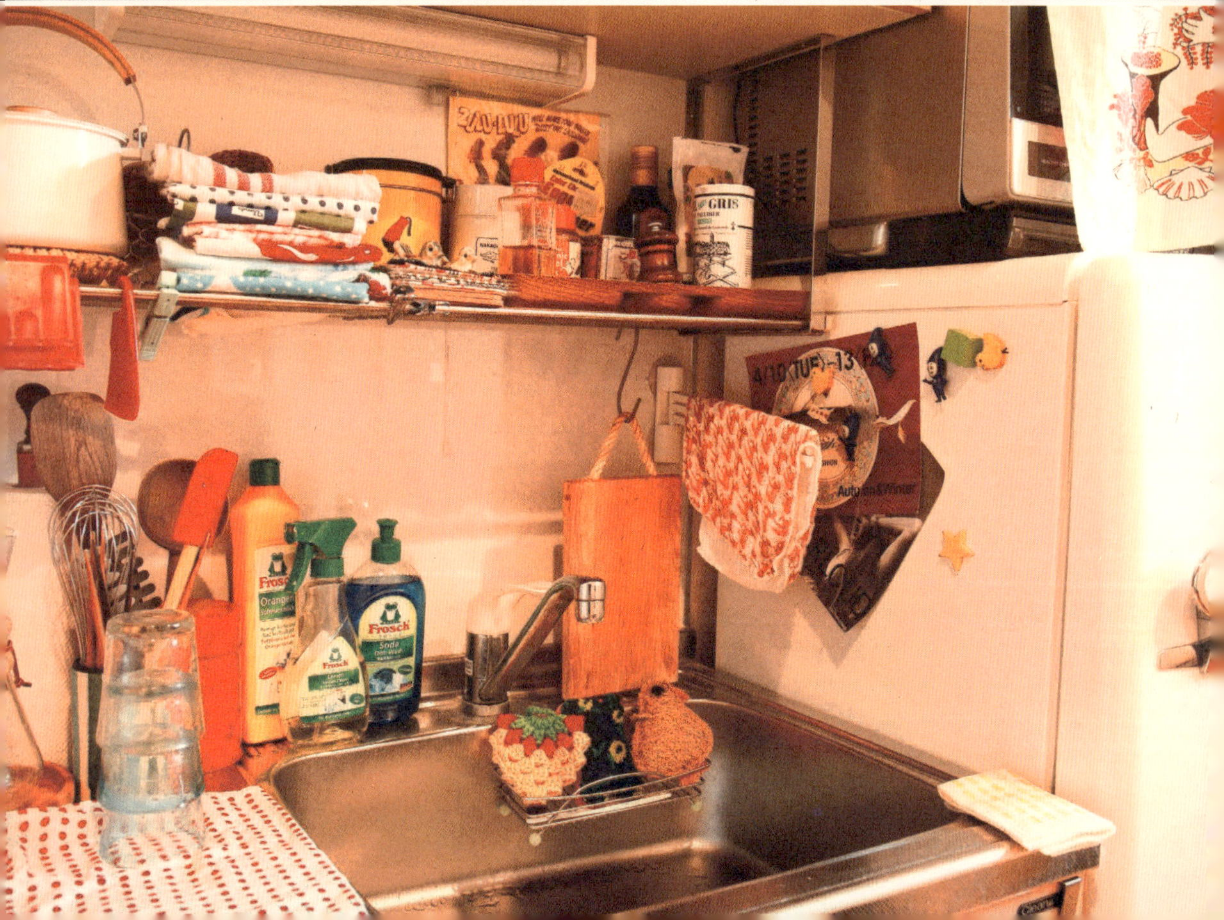
Frosch
Frosch
Frosch
Soda
GRIS
Autumn&Winter

MY PRIVATE
WARDROBE

君岛喜欢带图案的物品,这是她的衣橱好物。左起顺时针是 Lilly Pulitzer 的狮子图案裤子,鞋型很美的 Church's 鞋子,adidas 运动鞋。粉色衬衫是 marimekko 的古着。les Briqu'a braque 开襟毛衣,人脸图案很有君岛的风格。外套是 ENGINEERED GARMENTS 的,毛线帽是 Sayhello 的。此外还有许多带脸孔图案的小物:最初收集的贝蒂形状的万花筒,在 TOKYO CULTUART by BEAMS 购买的小木偶,在印度博物馆商店购买的鸟形黏土摆件等。蓬松的裙子是 BESS NIELSEN 的。DESIGN HOUSE Stockholm 的围裙日常穿搭时也会用到。

430

设乐 洋

BEAMS 董事长
东京都目黑区

不只是时装、音乐、家居内饰等与生活方式相关的全部范畴BEAMS几乎都有涉及。作为这样一家企业的最高层,设乐社长究竟居住在什么样的家中,过着怎样的生活呢?我们怀着这样的疑问,来到了设乐董事长家中,聆听他的介绍。

——您的房子是自己亲手设计的吧。室内装饰原本就是您很擅长的领域吗?

我一直都很喜欢建筑和室内装饰。甚至想过有机会就去做建筑师或是室内设计师那些创意类的工作。只是虽然在运动和设计方面我都还算有点才能,但并没有那么出类拔萃。所以直到现在,我也对摄影师、画家和音乐家那样的艺术家抱有憧憬,心怀情结。正是因为喜欢多种事物,我才能去挑选一流艺术家去策划商品。我逐渐意识到,这不也是一种创作吗?现在我觉得这就是有价值又能发挥自己天赋的职业。如果我自己做设计,或是球踢得更好些,或许就没有BEAMS了啊(笑)。

——当今人们对家居内饰的关注度很高,几乎等同于对时装的关注度了,对设乐先生您来说,这两方面内容的比重和之前一样吗?

提到BEAMS,大家可能都倾向于认为它是个专门经营时装的企业,但其实在BEAMS起步时,本来的定位是"美式生活商店"。三十八年前,BEAMS还是6.5坪(约22平方米)的小店,但那时就摆放着从美国购买的滑板和烛台,是一家以美国大学生活为概念,为生活方式提案的商店。如今以"生活方式"命名、为生活文化提案的商店的数量也增加了许多,可我们从创业之初到现在,从未改变"为家具、日用杂货、服饰等生活各方面提案"的初衷。我觉得无论时装还是家居内饰,都是为了生活。

——本次采访的员工的家虽然各有千秋,但感觉也有某些共通之处呢。您认为这个"有BEAMS风格"的共通之处是什么呢?

愿意在BEAMS工作的人,即便性格和喜好各不相同,但家中的风格和氛围都会令人感到舒适,这应该是共同点吧。换句话说,不过分死板也不强求的轻松感或许是共通的。比起那种规整利落、让人感觉很酷的内饰,能轻松地和朋友闲聊的舒适感反倒更符合BEAMS的风格。BEAMS的商店也是这种氛围。比起为顾客提供有序、齐全的商品,我们更希望让顾客有种身处跳蚤市场的激动雀跃,可以从众多物品中淘到自己喜爱的那件。某位员工的某个房间中,会有民艺器物与北欧家具、美式玩具的组合,也是这种感觉。

当然,或许正因为BEAMS是买手店,风格不统一,才会有这么多善于将各种物品混搭的员工。以前我甚

至曾说过"BEAMS是东京拼配(Tokyo Blend)",各种物品混合时散发的独特香气,余韵深远,我很珍惜。这才是买手店的奥义所在。

——说起买手店,BEAMS是先驱吧。

三十八年前BEAMS创立时,还没有买手店这个词,但原本一个人不可能衣食住行都是同一个品牌,所以会从多种品牌挑选也是理所当然。如果从创立买手店这种销售方式的意义来说,会被业界非议,我还不敢如此自负,但我觉得BEAMS让时代多少发生了一些变化。做BEAMS这家企业,最好的一点在于自己能够见证时代变迁的节点。这也是不回顾过去就意识不到的一点。现在看来,有些衣服和家具给人感觉像是20世纪70年代的,但在当时却意识不到。因为有BEAMS和BEAMS员工的提案策划,时代发生了些许变化,感受到这点时,会觉得自己就在现场,与大家共同见证,这让我非常幸福。

——从传达现实的生活方式的层面来说,BEAMS也有自己的风格吧。

BEAMS旗下有很多品牌,其中大多数都是自然而然诞生的。举例来说,员工怀孕没有合适的衣服,就创立了母婴品牌。有许多女性顾客喜欢男性化服饰,然而码号不合适,于是BEAMS BOY就诞生了。比起对世人做营销,去策划、考虑什么好卖,更多品牌是从员工的成长和现实生活需求中诞生的。正因为如此才能坚持三十八年。员工的力量很大啊。创建店铺时

也是,就算我心中已经有理想的规划,也不会让员工直接按我说的做。我仅仅传达给他们概念和氛围。员工接收这些信息后,经过理解加工,能够超越我的想象,实现120%的完成度。人与人的联系也会产生类似的化学反应。

如今销售方式的重点也是这种"现实"的部分。以前最重视将生产者的理念传达给使用者,比如设计师的讲究、品牌的历史等所谓与产品相关的底蕴。如今更重视传达实际使用物品时的幸福感:使用这件商品的话能过上什么样的生活,会变得多开心。观察店员的穿着、和他聊天、听听他使用产品的感受,我觉得这才是相较于线上商店,去实体店购买产品时能获得的愉悦。

再进一步说,BEAMS也在营造类似"只要稍微努力就能实现的梦想"。物品无论多美好,但如果价格过高就不现实。比起住在不足10平方米的屋子里卖奔驰,穿着和使用自己卖的东西更让人感到平衡。虽然想着"这个不太好搭配吧?""有点贵吧?""适不适合我家的装修?",但仍觉得很好,想去使用的物品,如果稍微咬咬牙试着购买下来,生活就会变得很幸福,而那也会成为对自己而言无可替代的物品。

——设乐先生您看过、买过、用过许多东西,现在会如何选择物品呢?

我选择物品有两种类型。一类是有历史的名品。我非常珍惜20世纪30—70年代流行的时尚藏品。还有一类正相反。是那种因为某一瞬间而存在、让人不禁微笑的新奇物品。比如最近喜欢的玩具,一吹就能发出狗叫声。很喜欢这种,没忍住就买下来了(笑)。

选择物品与价格无关。我家摆放着在北欧买到的设计很棒的玻璃容器,也有一个在跳蚤市场花三百日元买来的花瓶混在其中。挂在墙上的照片也是如此。在原创的单色调印刷品中,掺杂了一幅自己从书上剪下来的画。可是究竟哪个是便宜货,来我家的人没有一个能看出来。在我心中,对它们都是一样的喜欢。如果被懂行的人说"这个不错啊",就要偷笑了(笑)。我并不觉得时尚就得是高级货。时装也好,家居内饰也好,人际交往也好,在某些地方留出余地很重要。留出余地,从而为交流创造谈资。

——那么现在如果请您给希望过上有品位生活的人一个建议,您会说什么?

首先,从尝试购买一把自己喜欢的椅子开始如何?买之前,一定会有各种烦恼。买下喜欢的椅子,试着摆放在房间里,仅此就能让房间氛围发生翻天覆地的变化。这之后,再去扩大范围,选择合适的杂货和其他家具。要判明自己喜欢的物品,我觉得自己的原点也很重要。我会问所有BEAMS的新员工一个问题,就是:"用自己赚的钱买的第一样东西是什么?"唱片、vintage牛仔裤、头饰、小筐……每个人都不一样,但通过回答就能了解这个人的历史。我觉得那个人的喜好就是已经被嵌入DNA的原点。(转至P439)

1.铺设琉球榻榻米、有庄重感的和室。壁龛里的和风挂轴与瑞典的达拉木马完美融合。2.位于地下的兴趣屋。专业的吧台和音响设备齐备,经常在此处和朋友一起看电影或唱卡拉OK。家具和装饰品多是在亚洲各地淘到的东洋风物品。3.一直都很喜欢椅子,不知不觉间竟然收集了64把!有便宜的、有异域民族风的,还有设计师的作品,国家、年代和类型也多种多样。他说梦想是结合椅子的类型去考虑每个房间的内饰。4.在这个白墙配石板地砖的时尚空间中,摆放着从中国、泰国、越南等亚洲各国淘到的老物件。左页:从玄关往外看的景色。墙上挂着喜爱的铂金印相照片,还有收藏的画作。自家的内饰主题是"仿佛能听到海浪声的、有和煦微风吹过的房间"。

于我而言，这个原点就是美式风格。随着短期的流行或热潮可能会发生一些变化，但我喜欢的一直都是美式风格。如今也觉得美式风格最舒适，自己的房间也更接近最原始的BEAMS。

——原来，这一切都源于"喜欢"啊。

"喜欢"是非常重要的。BEAMS的员工中有许多都是以前就喜欢这家店的老客户。因为是工作，所以肯定也会有辛苦；但因为喜欢，肯定就能克服。我以前就常说"努力比不上投入"。因为喜欢才能投入，因为投入才能做到最好。这样志同道合的人才能齐聚一堂，互相交流。将来，我希望把BEAMS变成一个交流的品牌。我希望BEAMS不再是企业，而是社群（笑）。无论员工、决策层还是顾客，将他们都纳入这个社群中，希望BEAMS变成这样的品牌。我所追求的目标是让BEAMS成为幸福生活咨询社群。

——"努力比不上投入"，可以说是设乐派生活方式的名言了吧。

我真是这么觉得。而且这一定会与人相关。如今，相较单纯的"物"而言，"事"也就是"生活"已然变得更重要了。之后从"事"再过渡到"人"也是自然的趋势。最终，服装和家居，都是为了与家人、朋友产生联系而服务的，所有事物都成为沟通的工具。生活中穿喜欢的衣服，摆放喜欢的物品，当然有自我表现的成分在，别人看到又会有什么感觉呢？有时在此处就能产生对话。亲身使用过、觉得很好，这时如何去告诉别人呢？这点也很重要。生活中被喜欢的事物和人所环绕，应该最幸福吧。我们的提案自始至终都没改变，就是要幸福。

——这点和公司名称也是贯通的啊。

是啊，BEAMS的"BEAM"中有三个含义。第一个是光线。就是让各种各样的事物，还没有见过的事物，都沐浴在阳光之下。第二个就是房梁的意思。就是彼此交叠、支持顾客和员工的房梁。第三个就是"BEAMIMG FACE"，意思是像太阳那样灿烂无比的笑容。从这本书中出现的员工的房间也可以感受到沐浴阳光的幸福感。看上去不是宣传商品的型录册子，而是能传达出那种居住在舒适房间，开心享受的感觉。看到照片上的人在实际生活中穿着或使用BEAMS的商品，我也觉得很开心啊。

440
BEAMS BY THE GREEN

BEAMS 休閑設施／長野県軽井沢

BEAMS BY THE GREEN 是位于轻井泽的休闲设施，BEAMS 员工和家人朋友可以住宿。平顶建筑与绿色草坪很协调，功能齐全，有三间西式房间，两间和室，还有木质浴缸，可以容纳约20人住宿。这处空间多处使用天然石材和木头，让人联想到亚洲的度假村。BEAMS 的休闲设施，还有位于叶山的"BY THE SEA"和位于那须的"BY THE MOUNTAIN"。

1. 轻井泽的清新空气流入简洁而安静的客房，让人感觉十分舒适。2. 具有现代感的房间搭配日式扫帚，物件的选择也处处表现出BEAMS 的风格。3. 从建筑的设计到内部装潢，都出自设乐社长之手，这处空间是赠送给员工的最好礼物。在颇具开放感的中岛式厨房做饭时也能谈笑风生。4. 朝向草坪的木质露台上，户外烹饪设备齐全，可以享受烧烤乐趣。在大自然的环抱中，尽享户外生活。

MY FAVORITE THINGS

我最喜欢的物品

61位BEAMS员工的倾心好物。滑板、自行车、工具、摩托车、皮艇、帐篷、钓具、蜡笔、写生簿、雪花球、照相机、家具、文具、饰品、印花方巾、拼布、印第安珠宝、打火机、电影票、定制鞋、上衣外套、牛仔、卫衣、围裙、皮夹克、木球、小木偶、超合金、偶像周边、植物……

生活中不可或缺的滑板
也用来装饰房间

滑板
skateboard

契机：受老公影响，他特别痴迷滑板，甚至成了受赞助的滑手。**喜欢**：喜欢欧系滑板，用的是保罗·谢尔（Paul Shier）创立的品牌"ISLE"的滑板，看到图案就很喜欢。**讲究**：喜欢的板面会用作内饰。去欧洲时一定会去当地的公园玩滑板。

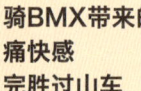

真壁 恭子
B:MING LIFE STORE 区域经理
34岁／神奈川县横滨市

骑BMX带来的痛快感
完胜过山车

自行车
bicycle

契机：从5岁到高中毕业都一心喜欢越野摩托，甚至还拿到了证书。现在若是受伤就会影响工作，于是开始在自家附近的绿地和公园骑越野自行车（BMX）。**魅力**：当数跳跃吧，这可以说是越野摩托和越野自行车的共通点。"可能会摔倒！"的紧张感比在游乐场坐过山车更甚，挑战极限时那种痛快的感觉真的让人欲罢不能。

萱村 心平
BEAMS 梅田
37岁／大阪府八尾市

对环境友好
好搭档般的自行车

自行车
bicycle

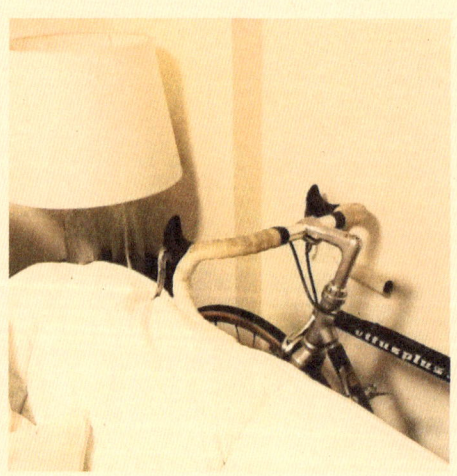

契机：自行车很常用，而且不耗费能源，对环境友好。我希望能选择和使用这样的物品。**回忆**：为了买这辆自行车，去了神奈川金泽文库的自行车店，组装好后，花了4个小时骑回涩谷（笑）。虽然累，但很开心。从那之后就一直骑这辆车，它就像我的好伙伴。

藤居 丰造
BEAMS PLUS 丸之内
39岁／东京都涩谷区

自行车艺术成为办展的契机

自行车相关艺术
bicycle art

喜欢：2012年自己策划的摄影展"Dream of the 90s（梦见90年代）"展出的照片。**回忆**：为举办这个摄影展，邀请旧金山的摄影师和日本的越野骑手、死飞族等许多人参与其中，这是我第一次办展，之后我还策划了艺术展等。**保管方法**：挂在墙上。除了照片，还有ZINE和海报等许多作品，文字无法充分表达我的热爱(笑)！

Takuya Kusaka

日下 拓哉
BEAMS 横滨东口
29岁／东京都世田谷区

能碰触到各种价值观的自行车生活

自行车
bicycle

回忆：带自行车乘夜间巴士远上京都去参观寺庙佛阁，和朋友沿海岸线从逗子骑行去江之岛。**魅力**：最大的魅力是"邂逅"。能看到平时乘电车看不到的风景，获得乘电车无法体会到的新鲜感。通过自行车认识了各种职业和年龄段的人们，接触到各种各样的价值观，感觉自己的人生有很大变化。**保管方法**：在房间的驻车架上保管。

Saiko Otaki

大泷 彩子
Demi-Luxe BEAMS 新宿
24岁／东京都杉井区

爱车按自己的喜好全车定制

自行车和工具
bicycle & tool

契机：最初为了锻炼体力，一时心血来潮购买，但之后出差时有空就会物色零件等，现在自行车已经独具魅力了(笑)。到最后全车都是定制的……**魅力**：还得说是可以自己改装定制这点啊。为了保养车辆，买齐了各种工具，这也是乐趣之一，让人越来越热爱。会在阳台一角进行自行车保养。

Shinichiro Toyonaga

丰永 信一郎
销售总监
47岁／东京都世田谷区

井手 惠介
BEAMS 博多
38岁／福冈县糸岛市

先后6辆哈雷
尽享
车库生活

摩托车
motorbike

喜欢：喜欢骑摩托车，从20岁起先后拥有过6辆哈雷戴维森。最幸福的时刻：在位于福冈县西部的糸岛市沿海骑行。地理位置真的特别好。然后6月我就在糸岛买了独栋住宅(笑)，可以随时沿海骑行，梦想中的车库生活也即将开启，真的很幸福。

井上 恭辅
BEAMS STREET 梅田
30岁／大阪府吹田市

用vintage零部件
改装的摩托车
引人注目

摩托车
motorbike

喜欢：总之就是喜欢它的设计，已经有第三辆同车型的摩托车了。前年换车时，用攒了十年的vintage零部件进行了定制。尝试安装了10个后视镜和10个雾灯，而且灯都可以亮哦(笑)。最幸福的时刻：孩子们很喜欢，看到我骑行或者保养车辆，就会在旁边围观或是搭话，让我感觉很有成就感。

内田 隆法
在线商店
37岁／千叶县浦安市

vintage帐篷和
皮划艇
非日常的娱乐

皮划艇和帐篷
kayak & tent

契机：朋友邀请我去参加皮划艇露营，真没想到原来这么有趣。建筑师设计的vintage帐篷，真是让人百看不厌。收集：Feathercraft公司生产的皮划艇和15顶vintage帐篷(笑)。在院子里建了一个储物间存放。魅力：它们能带我去平时去不了的地方。在被朝霞笼罩的湖中前行真的很梦幻。

TOP WATER一决胜负
讲究工具的
鲈鱼野钓

钓具
fishing tackle

风格："TOP WATER",也就是水面系路亚拟饵,是垂钓中最具趣味性的一种,所以手工制拟饵的独立品牌才那么多。也有贵的,但更喜欢用自制的拟饵。**讲究**：不止垂钓的成果,还要充分享受挑选工具、尽情贴近自然的过程。

斋藤 亮
BEAMS HEART 视觉陈列师
36岁／埼玉县越谷市

一期一会
充满纪念意义的
徽章

徽章
emblem

魅力：旅途中的邂逅就是"一期一会",所以在乘电车、巴士和车辆时见到的地点和物品,都会成为特别重要的回忆。**回忆**：军队的盘问、超速、简易法庭出庭……遇到很多日常经历不到的事。可是事情过去后就会成为很好的回忆,很不可思议(笑)。**必做**：购买好看的徽章。每一枚都充满旅行的回忆。

广泽 庆
BEAMS 买手
44岁／东京都葛饰区

美食速写本
用自己的绘画和文字
留住旅途的回忆

美食速写本
travel sketchbook of food

魅力：去旅行时总会安静地绘画,这样能消除日常的压力,对我来说是很重要的时间。**回忆**：吃饭的餐厅、美味的料理、看的电影之类,所有想画的事物都会在素描本上留下形象。回头翻看素描本的话,就能回忆起旅行中发生的事情。**必做**：可能是去吃在当地才能吃到的美食吧……

齐 温迪(音译)
BEAMS 台北
24岁／中国台湾台北市

现场体验
一体感、临场感
体育观赛之旅

体育观赛之旅
sports tourism

目的：为了体验现场才有的临场感和一体感，从1997年（日本足球队首次打入世界杯）的"新山之喜"开始，连续五届世界杯比赛都到现场观战（笑）。2006年第一届世界棒球经典赛（WBC）决赛也是在现场观看。宝物：世界杯球衣，在酒店大堂找WBC球员要的签名，三浦知良、王贞治教练等人的签名球衣、球票……有很多。

佐野 明政
品牌支援
40岁／东京都涩谷区

仅观看
就能被治愈的
雪花球

雪花球
snow dome

邂逅：以前就一直喜欢雪花球，旅行或出差到时一定会购买。因为身边的人也都知道我喜欢雪花球（笑），朋友们也会特意买给我，很开心。魅力：无论多么疲倦，只要看着它就能唤起当时的开心回忆，身心被治愈。雪花球的数量越来越多，我会在房间各处摆放，很享受。

东谷 弥生
Ray BEAMS 买手
31岁／神奈川县川崎市

照相机的魅力
就是像生活那样
映照出喜怒哀乐

照相机
camera

契机：大学时用Nikon FM10，很喜欢它的快门声，因为是手动款，所以也不知拍得如何，但这一切都很吸引我。只是有段时间因为太喜欢照片，反倒无法那么轻松地拍照……但开始做网站的工作后，又能开始拍照了！魅力：和每天的生活一样，照相机也会映照出喜怒哀乐呢（笑）。

吉井 裕子
WEB制作科
31岁／东京都世田谷区

正因为是胶片相机才会认真拍摄每一张

相机
camera

契机：原本就很喜欢胶片相机，是持续了很久的爱好。**喜欢**：看到有趣的玩具相机就会忍不住买下来。**魅力**：胶片相机不能不喜欢就删除，所以会用心拍摄每一张照片，很喜欢这点。要等照片洗出来才能知道照片拍得如何，这点也很吸引人。

松井 圭太郎
BEAMS BOY 梅田
30岁／京都府京都市

有精细画质和动听快门声的照相机

照相机
camera

喜欢：Nikon Df。刚发售就买了，当时喜欢照相机的朋友都争先恐后地说："给我看看！给我看看！"（笑）不过他们都很了解"Nikon Df"，还教了我很多知识，反倒是我赚到了！**魅力**：快门声很好听，这是重要的一点。能让人非常真切地感受到"拍到了！"，还有就是画质极其精细。

今野 聪子
WEB制作科
37岁／东京都世田谷区

为了不错过每个希望拍摄的瞬间总是与照相机在一起

照相机
camera

契机：受父亲影响。另外，上大学时参加时尚杂志试镜去巴黎取景，认识了一个喜欢照片的女生，就开始使用Canon A-1和PENTAX了。还在大学参加了照片显像和装订的课程。**魅力**：如果错过"想拍"的瞬间，就再也没法拍到那个瞬间了，稍纵即逝，才有魅力，因此我总是随身携带照相机。

安达 步实
BEAMS LIGHTS 商品策划
27岁／东京都品川区

森 麻由子
BEAMS BOY 视觉陈列师
30岁／东京都武藏野市

在心爱的家具中收纳心爱的物件

vintage 家具和抱枕
vintage chest & cushion

喜欢： 去墨西哥时，从坐在集市台阶上的老婆婆那里买的手工刺绣抱枕套，还有丹麦产的vintage家具。**契机：** 对附近家具店里的家具一见钟情，决定如果适合公寓的层高就买下来。结果能摆放进去！就差5厘米，我觉得这就是命中注定，就买了(笑)。**收纳心思：** 很喜欢能集中存放家中大量CD的简洁置物架。

铃木 竹彦
BEAMS 原宿
38岁／东京都多摩市

在自己的名片上手绘艺术插画

艺术插画和外国文具
art work & stationery

契机： 受一个坏前辈影响开始收集艺术插画(笑)。原本就喜欢欣赏插画，也会自然而然地收集ART BOOK等。还会收集钢笔和马克笔，在自己的名片上绘制插画。**魅力：** 艺术作品只是看着就很治愈，还会激发创作欲望。名片上有亲自画的插画，能让客户记住自己！

丹生 淳子
Uniform Circus BEAMS
34岁／东京都丰岛区

由纤细的绣线诞生的装饰艺术品

手工装饰品
handmade accessories

契机： 喜欢细线重叠交织就能出现的色彩艳丽的世界，开始以ciito为艺名使用绣线制作装饰品。**魅力：** 主要使用自然艳丽、色彩齐全的法国绣线制作，可以感受到绣线重合诞生的色彩小世界的魅力。**讲究：** 颜色的搭配。还有就是会把作品和明信片精心搭配成套寄出。

回归初心
令人震撼的
蓝色墙壁

蓝色墙壁
blue wall

契机：搬家来的那天，之前分店的同事们帮忙漆的。现在也会觉得漆成蓝色太好了。**喜欢**：将THRASHER杂志像海报那样张贴，很喜欢。在有感染力的蓝墙下映衬显得很美。**回忆**：因为是进公司那天漆的墙壁，所以看到它就会回想起初心，要"加油！"。

户泽 千寻
BEAMS 池袋
23岁／东京都港区

于公于私关系都很好的
花井祐介创作的
艺术作品

艺术作品
art work

契机：艺术家花井祐介和我于公于私关系都很好，在策划他的个展时，我也会购买他的作品作为纪念。**魅力**：因工作原因，我有许多艺术家的作品，但尤其喜欢花井祐介的SURF ART，所以有很多他的作品。其中，独创性的作品有很多因为家人反对没法展示，但也有获得家人认可的作品，会自然集中在客厅墙上和玄关旁展示。

桑原 健太郎
BEAMS T 总监
36岁／神奈川县镰仓市

用自己喜欢的画
装饰房间
看着绘画去生活

装饰房间的心爱画作
art work

契机：受父亲影响，我从4岁开始画画，绘画一直都是我的爱好。不仅自己喜欢画画，也特别喜欢欣赏艺术家的作品。**喜欢**：尤其喜欢在TOKYO CULTUART by BEAMS购买的Kento Mori老师的照片和活跃在大阪的Kurry老师的画。心情不同，看画的角度也不同，所以百看不厌。**讲究**：用喜欢的作品装饰房间。

德长 敬一郎
BEAMS 原宿
30岁／神奈川县川崎市

Satoshi Nishiwaki

西胁 哲
BEAMS GOLF 商品总监
41岁／神奈川县川崎市

每天随身携带
365天不重样的
vintage印花方巾

vintage 印花方巾和拼布
vintage bandana & quilt

讲究：以365天每天一条方巾为目标，我收集vintage印花方巾已经超过十年了。以20世纪30—70年代的方巾为主，但颜色、图案、系列有上万种，恐怕我要这样一直收集到老了（笑）。拼布作品已经入手了一些20世纪前五十年的，计划再收集些30年代以前的。魅力：印花方巾的年代和品牌不同，图案花色也不同。作为可以每天随身携带的vintage品，这点也很有魅力。

Shinsuke Nakada

中田 慎介
BEAMS PLUS 总监
37岁／神奈川县镰仓市

能感受到
美国日常生活的
玻璃制品

美国杂货
american glass goods

喜欢：收集了许多二手pyrex、vintage品CHEMEX等美式玻璃制品。魅力：以前就一直喜欢能感受到美国日常生活的物品，具备量产才有的功能美，还有简洁中不失玩心的设计。讲究：主要集中在经久耐用的简洁款。数量很多，都形成了一幅画。

Atsuhito Tani

谷 笃人
BEAMS 买手
36岁／神奈川县川崎市

能感受到温度的
印第安珠宝

印第安珠宝
native american jewelry

契机：十五年前在加拿大留学时，去美国的典当行时遇见的。魅力：宝石本身的美感自不必说，每件珠宝都有它的含义，能感受到手工艺品的温度。这些都很吸引人。讲究：印第安珠宝可以用于搭配多种风格的服饰。第一眼看上去可能有点个性张扬，却是打造自己风格的不可或缺之物。

点燃
收藏热情的
BIC打火机

打火机
lighter

魅力：多彩的图案。看着就很开心，让人心生收藏的欲望，结果就收集了很多……BIC的包装也很时尚，我觉得最适合收集。回忆：去美国时，想多买些，结果被店员问："你是恐怖分子吗？"（笑）最后还是顺利买到了。

水尾 旅人
Uniform Circus BEAMS
45岁／东京都涩谷区

保留电影票，
用它将电影
收藏起来

看过的电影票根
movie ticket stub

契机：因为买预售票比较便宜，自然而然攒了许多，就整理成册了。最近为了买到想要的预售票，经常会去逛各个售票点和剧场。
魅力：之前看过什么电影一目了然。有些电影看了没多久就会忘掉，这些票根帮了大忙（笑）。票根本身也很注重设计，只看这些票根也很有趣。

岩折 纯平
BEAMS PLUS 原宿
34岁／东京都文京区

具有美国特色的
设计和用色
美国杂货的魅力

美国杂货
american paper goods

契机：沉迷于在美国寻找好看的单页、贴纸和明信片等纸类杂货……不知不觉就拿在手中，带回家里。魅力：还得说是美国特色的设计和用色吧。喜欢美国，甚至会把星条旗当作窗帘。烦恼：觉得会用到，所以收藏时很爱惜，但总也找不到什么场合使用，只是数量在不断增加（笑）。

岛 实果子
BEAMS STREET 横滨
28岁／东京都杉并区

Yu Uchida

内田 优
BEAMS 原宿
29岁／东京都新宿区

能让人感受到"这就是美国"的超市商品

美国的超市商品
american supermarket goods

契机： 第一次去美国时顺便逛了超市，里面摆放着特别多的橙子还有超大瓶的牛奶，让我感觉"这就是美国啊"，觉得很酷。之后每天都会去，希望买些东西作为纪念，这就是收集的开端。**魅力：** 这些物品带来的惊奇感很吸引我："用在哪里？""这都能派上用场吗？"就算东方和西方截然不同也无所谓。

Yasuharu Ooka

大冈 靖治
BEAMS F
41岁／千叶县千叶市

使用沉船皮制作的定制皮鞋

定制皮鞋
custom-made shoes

喜欢： 在GEORGE CLEVERLEY的品牌定制会上提出了"中间部分使用沉船皮"的定制要求。这是从两百年前的沉船上打捞上来的俄罗斯驯鹿皮，用这种皮革制作的第一双鞋的主人是查尔斯王子。这是我非常想得到的皮革。**魅力：** 使用甄选材质的皮革，听同事说过就再难忘掉的讲究鞋型。**讲究：** 出于工作习惯，会选择正确的尺码。

Masateru Ito

伊藤 昌辉
BEAMS JAPAN
45岁／东京都日野市

处处讲究的定制皮鞋和西装上衣

定制皮鞋 & 西装上衣
custom-made shoes, suit & jacket

喜欢： GEORGE CLEVERLEY的皮鞋。对英国心怀憧憬，十五年前定制了这双鞋。西服是那不勒斯王国生产的手工制品，而且是使用英国布料的定制品。**讲究：** 我觉得保养非常重要。从没穿过的皮鞋每半年用清洗剂除蜡保养，西服会在信任的洗衣店清洗。

韵味深远
挑动男人心的
皮夹克

摩托夹克 & 飞行员夹克
racing jacket & flight jacket

Yutaka Yazaki

矢崎 裕
B:MING LIFE STORE 商品策划
47岁／东京都杉井区

契机：16岁时攥着打工攒的钱，乘夜班火车去原宿的古着店购买了一件摩托夹克。这之后它就变成我人生中不可或缺的存在了。之后又看了史蒂夫·麦奎因(Steve McQueen)的《大逃亡》(The Great Escape)，于是开始收集飞行员夹克。比想象中还要韵味深远，令人倾心，虽然花钱花得很要命(笑)。**魅力**：穿上皮夹克，就觉得自己要再加油。

重视每一次相逢
vintage牛仔裤、
卫衣、围裙

vintage 古着
vintage clothing

Mayu Kato

加藤 麻有
BEAMS 池袋
32岁／东京都目黑区

魅力：每件牛仔裤的年代都不同，去确认细节，长时间穿着后形成的落色和猫须纹路很令人期待。卫衣的印花和标志种类繁多，也喜欢二手独有的磨损感。围裙也有各种形状的，很有趣。**回忆**：之前一下子购买了三条牛仔裤(总价超过10万日元)(笑)。**讲究**：很珍惜与古着的邂逅。

兼具功能性
和时尚感的
摩托夹克

摩托夹克
racing jacket

Shunichiro Itayama

板山 俊一郎
BEAMS JAPAN
39岁／东京都世田谷区

契机：之前骑过摩托车，还有前辈穿摩托夹克很帅，所以对此心生向往。**喜欢**：LEWIS LEATHERS。被仰慕之人吉田克幸(PORTER CLASSIC)夸赞，开心得不得了(笑)。最近看到前辈穿的Langlitz Leathers，我也买了件回来，之后一直在穿！**魅力**：当时重视功能性的设计如今也成了时尚。

轻松转换心情
每天必不可少的
缎带

缎带
ribbon

契机：近十七年来都用缎带来绑头发，已经成为每天必用的单品。最初大多数是素色的，后来感觉还不够，就开始将两三条缎带缝制在一起自己创作。魅力：集中精力创作的时间非常幸福且重要。缎带可以像饰品那样，让我转换心情，相同的衣服搭配不同的缎带，给人的感觉会焕然一新，这也是吸引我的地方。

犬塚 朋子
Vermeerist BEAMS 总监
43岁／东京都世田谷区

从幼年时就熟知的
老家冲永良部岛的
琉球乐器

琉球乐器
musical instruments of ryukyu

契机：老家是冲永良部岛，这些琉球乐器都是幼年时身边能看到的熟悉的乐器，现在仅是触摸它们都可以令我心中平静。喜欢：从幼年就开始弹奏三味线，高中进入民俗太鼓舞团负责琉球鼓（太鼓），没有学过木笛，还在练习，但这三件都是琉球乐器。魅力：和主流乐器不同，很少有人会演奏，感觉很有趣。

园田 知世
BEAMS BOY 梅田
26岁／大阪府大阪市

在传统作坊
定制喜欢的图案
迷彩图案的剑球

剑球
kendama

契机：在B:MING LIFE STORE 展开的"KENDAMA TOHOKU"项目点燃了我对剑球的热情。喜欢：我喜欢项目策划中的原创设计剑球。参赛的所有剑球都是山形工房制作的精品，但STREAMER COFFEE COMPANY的迷彩图案剑球从技术上来讲很难实现。对于同时喜欢山形工房和迷彩元素的我来说，这是无法抗拒的联名款（笑）。

沟口 响子
B:MING LIFE STORE
by BEAMS LACHIC店
24岁／爱知县名古屋市

连知识一并收集
传统小木偶和
书籍的世界

小木偶
kokeshi doll

讲究：从相关书籍、资料等获得知识，研究东北六县每个产地的体系，收集了许多传统小木偶和与其相关的书籍。**魅力**：不仅有古品，还联系到如今还在活跃的艺术家，拜托他们制作，也会去作坊。这些艺术家工匠们都很有魅力。**收纳方法**：对内饰没什么讲究，许多东西都摆放得没什么秩序。

丹羽 望
BEAMS PLUS 丸之内
47岁／东京都江东区

文具放进背包中
不激进、专心致志
书法也有自己的步调

书法
japanese calligraphy

契机：我在入职时放弃了书法这个爱好，但时隔十年又重新拾笔，现在已经坚持五年了。**讲究**：除了毛笔之外，都是上学时用的，已经用惯了，虽然不贵但不打算更换。目前手里的文具数量是最小限度，少得连自己都吃惊，如今我的技术不需要更多毛笔，除非用它能写出更好的作品，我才会考虑添置。**魅力**：应该还是墨香吧（笑）。

铃木 亚由实
bpr BEAMS 总监
38岁／东京都足立区

男人的浪漫
超级战队系列
超合金收藏

超合金收藏
superalloy collection

喜欢：超级战队系列的超合金（和机器人玩具）。超合金就是男人的浪漫！**回忆**：有一次在eBay上跟国外收藏者买了很多，结果运费快是商品价格的10倍了，因为这个纠结了很久……**讲究**：我在收集东西时的信念是"与其不买后悔，不如买了反省"（笑）。我的房间很普通，但藏品与房间会形成反差，这很重要。

久芳 俊夫
MANGART BEAMS T 总监
43岁／东京都世田谷区

菅原 由希美
BEAMS 银座
26岁／神奈川县横滨市

动漫迷的心跳
Cosplay衣装和假发

Cosplay 衣装和假发
costume & wig for cosplay

契机：是从大学开始的爱好，但实际尝试后比想象中还要好玩40倍(笑)。假发数量很多，以前用的摆出来就像调色盘！**魅力**：可以进行真发无法实现的加工。比如用开水烫发，用颜料煮、染发，有许多成为Coser才知道的特殊技术，让人很着迷。**讲究**：会放在附赠的袋子和衣箱中妥善保存。

池元 奏
mmts 中野
28岁／东京都新宿区

因热爱
而每天收集的
"Shokotan"周边

偶像周边
idol goods

契机：八年前成为她的粉丝，这是其间收集的一部分周边(笑)。**最幸福的时刻**：原本就有收集癖……看着收集品不断增加就是人生的乐趣。而且在DVD和写真集中随时都能看到最喜欢的"Shokotan"，真的很幸福。**讲究**：没有什么讲究，但"这八年来对Shokotan的热爱，一天都没有懈怠"！

堀越 贺宽
在线商店
36岁／东京都荒川区

感性的延伸
讲究的
儿童房

书架、儿童厨房
book shelf & play kitchen

契机：从第一个孩子诞生起，就希望能将他培养成感受性强的人，很重视一起阅读绘本和过家家的时间。**开心的事**：孩子上幼儿园时，绘画受到了很高评价，还在幼儿园介绍了许多绘本(笑)。**讲究**：室内摆放的家具基本都统一为白色和原木色，会下功夫灵活利用物品自身的特征。

聚集在舒适场所的珍贵物品

客厅中的儿童房
a child's room in living room

契机：孩子喜欢的物品汇聚在客厅，将房间一角打造成儿童房，营造统一感。**喜欢**：伊姆斯的摇椅是在纽约购买的。女儿还小时，坐在这上面哄她睡觉，椅面有点破损了。**讲究**：喜欢的物品，会长久珍惜。摇椅使用了很多年，发出咯吱咯吱的声音，即便如此也觉得很舒服。

三浦 香代
儿童 BEAMS
39岁／东京都多摩市

将衣橱改造成可爱女儿的儿童房

儿童房
a child's room

契机：为了爱女，把衣橱改造成了儿童房。**讲究**：每次去国外旅行都会买纪念磁贴。还会收集有女儿名字"Nicole"的钥匙链，用来装饰儿童房。**魅力**：钥匙链中充满了旅行回忆，看着它们随时都可以回顾之前的旅行。用衣橱改造的儿童房里装满了心爱之物，女儿很开心。

大森 宪一
BEAMS STREET 横滨
36岁／神奈川县横滨市

为思考和积累而专心致志阅读的新书和旧书

新书、旧书、杂志
new and used book & magazine

契机：父亲喜欢读书，受其影响我也开始读书。如今长大成人，只要有时间就会读书、思考和积累。**喜欢**：多年以来收集的新书和旧书、杂志。最喜欢日本纯文学，但也会读外国文学。最近自己过生日时购买了一本很特别的书，反复阅读，非常着迷。**魅力**：可以让自己心无旁骛，所以头脑不清晰时会使劲读书。

德重 雪奈
Ray BEAMS 池袋
30岁／埼玉县所泽市

Sayo Shibaki

芝木 纱代
BEAMS 新宿
31岁／东京都世田谷区

不断增加的帽子
与植物一起
摆放在阁楼梯子上

帽子、观叶植物
hat & potted plant

契机：帽子数量不断增加，希望保存时不变形，就摆放在了不用的阁楼梯子上。而且阁楼上垂下大型的常春藤，让这处空间不仅是放置帽子的场所，更成了整个房间的亮点。**亮点**：颜色不过分强调统一，营造出休闲的氛围。**讲究**：想给人看的物品就展示摆放，不想让人看到的物品就彻底地隐藏，应该是这点吧。

Nao Tanaka

田中 奈绪
bpr BEAMS 买手
37岁／神奈川县川崎市

每件都会
用心佩戴在身上的
饰物

饰物
accessories

回忆：我自己也是买手，所以对每件饰物都有感情。**魅力**：我希望佩戴"因为喜爱才购买，佩戴在身上就能让自己开心"的饰品。**收纳方法**：也喜欢像海盗宝箱那样放在一起收纳，但每件都很珍惜，会单独放在密封袋里保存。我觉得喜欢的物品还是要爱惜。

Maiko Morita

森田 麻衣子
媒体运营
32岁／神奈川县川崎市

小眼睛和小舌头
都十分有魅力的
赫尔曼陆龟

陆龟
tortoise

契机：养狗的话没时间遛狗，对猫过敏，不敢碰鱼……考虑再三的结果是，从七年前开始养赫尔曼陆龟。**魅力**：每种乌龟都有特性，按照相同的方法饲养也可能养不好。在经验中吸取教训，把它一点点养大，这样才有价值，这就是吸引我的地方。**回忆**：放它在院子里晒日光浴时，它逃跑了两次，被附近的小学生抓了回来（笑）。

被其可爱的表情
所治愈
两只黑色八哥犬

狗
dog

Masao Okawa

大川 政男
BEAMS PLUS 商品策划
38岁／东京都青梅市

魅力：GAKU是公狗（8岁9个月），发生地震都不会起身，但一听到食物的声音马上就会有反应，它可爱的表情经常会治愈我。AZUKI是母狗（5岁4个月），经常会凑近人，很可爱。**烦恼**：可以说是烦恼吧，难得买了一辆空间大的车，可两只狗都不去后排座位，非要挤在副驾驶座上（笑）。还有就是GAKU只能听懂"坐下"……

一对猫兄弟
让我的房间
更有家的感觉

猫
cat

Kana Kinoshita

木下 香奈
公关部
36岁／东京都品川区

契机：两年前从收容所带回的猫咪。现在饲养的兄弟俩，一只是茶色虎斑猫，另一只是灰色虎斑猫。**魅力**：有这两只猫在，房间更有家的感觉了。挑选了猫帐篷、猫椅子、宠物包、自动喂食机等设计性很强的物品，猫咪和人都能舒适地生活。**讲究**：希望自己、猫咪和来玩的朋友都能放松，很重视这点，摆放了许多喜欢的物品。

做礼物也最合适
使用应季鲜花
制作花环

花环制作
lei-making

Noriko Murata

村田 典子
Demi-Luxe BEAMS 商品策划
39岁／东京都杉井区

魅力：可以让自己专心致志。这是一项琐碎细致的工作，但做好时的成就感和颜色搭配的妙处等，有许多吸引人的亮点。作为家居内饰也很好。**注意**：尽量使用当季的花朵制作花环。春天尝试使用风信子。**最幸福的时刻**：去夏威夷华人街的花环店。会把花环空运回来，也会用它们来装饰酒店。

Takashi Kano

狩野 崇
BEAMS 博多
36岁／福冈县福冈市

每一天欣赏珍奇植物的花、叶、根的姿态

珍奇植物
rare plant

喜欢： 澳大利亚的植物，原种兰花、仙人掌和多肉植物，珍奇观叶植物。**最幸福的时刻：** 花朵自不必说，叶和根的姿态，每天成长的植物的美感，任何事物都无法代替。生活中有绿植，不仅可以获得治愈，还可以增添情趣。晴天在阳台浇水、吃饭喝酒的时间也非常享受。**讲究：** 摆放在阳台的都是澳大利亚的植物。

Ayuko Hamanaka

滨中 鲇子
Ray BEAMS 总监
33岁／东京都世田谷区

被绿植和干花所环绕的生活

植物和干花
plant & dried flower

喜欢： 在附近的花店购买的鹿角蕨，很喜欢它的外形，最近生出许多新芽，像是当成自己孩子那般养育，内心十分激动！**最幸福的时刻：** 自己制作的干花代替了房间的窗帘，干花数量还在不断增加，让我很开心，甚至连买花时也会想"这个能不能做成干花啊？"（笑）。**谨记：** 房间里不能断了花。

Yasushi Kawashima

川岛 康史
BEAMS 涩谷
42岁／神奈川县中郡

不论种类地收集将绿植融入家居内饰

植物
plant

喜欢： 蔬菜、多肉植物和兰花等，很多种类的植物都喜欢，但最喜欢的还是自己从种子开始种出来的苦瓜。**最幸福的时刻：** 望着沐浴朝阳的植物。还有很多邻居都喜欢植物，和那些人交流也很开心。**热衷的事：** 不论品种去收集植物，有时会遇上虫害，或是植物腐败和枯萎，也会伤心难过，但不会气馁，会不断尝试。

天然橡胶与亚麻
使用植物原材料
制作的瑜伽垫

瑜伽垫
yoga mat

喜欢： ANANDA ecoyoga的瑜伽垫是在朋友发起的瑜伽培训班里使用的，和其他垫子相比，它的抓地力有很大不同，这让我很吃惊。对其加入亚麻的绝妙配色也很中意。**最幸福的时刻：** 一天结束时根据身体情况使用适合的香薰，实践瑜伽的呼吸方法，让心情变得宁静，放空之后入眠。**讲究：** 为了能集中精力练习瑜伽，家里没有电视，也几乎没有家具。

松尾 蓝
B印 YOSHIDA 代官山
28岁／东京都涩谷区

很好养的
绿植和
各式各样的蜡烛

蜡烛
candle

契机： 开始一个人生活后，意识到绿植的重要性，一下子就对绿植着了迷。最近在花店看到喜欢的就一定会买回来。给家的定义是"让人想回去的房间"，因此绿植和蜡烛都不可或缺。**喜欢：** 绿植喜欢可以悬挂或放在桌子上的空气凤梨；蜡烛就在本地的蜡烛商店制作，配色也可以随心决定。

水谷 友纪子
BEAMS 立川
23岁／东京都调布市

重视可爱度
粉色的训练服和
拳击手套

训练服和拳击手套
workout clothes & boxing glove

契机： 我是超级宅家一族，但听了前辈的建议，很不情愿地开始练习修搏(笑)。现在很痴迷，甚至每周要练两三次。**喜欢：** 首先要从外形入手，全身都是BEAMS，觉得可爱的都会穿在身上。**最幸福的时刻：** 既是爱好，也可以减肥，出拳让自己心情更畅快，可以排遣压力，是极其幸福的时刻。

寺内 香织
BEAMS BOY 原宿
26岁／东京都大田区

Tomoko Kaneda

金田 友子
bpr BEAMS 买手
45岁／东京都涩谷区

像小旅馆中那样的猫脚浴缸和玫瑰花

浴缸 & 花
bathtub & flower

喜欢：猫脚浴缸只是看着就感觉很幸福，更不用说在里面泡澡了。浴缸是放松的场所，就想一定要买一个自己喜欢的。**讲究**：浴室里摆放鲜花，感觉就像国外的小旅馆。把CHEMEX咖啡滤泡壶当作花瓶，插什么花都好看，非常方便。另外，还会使用古董烧水壶。

BEAMS
ビームス

BEAMS是1976年作为"AMERICAN LIFE SHOP"（美式生活商店）在原宿开展业务的一家买手店。除了销售从国内外采购的商品、原创的服饰和杂货，业务范围还涉及咖啡、家居内饰、音乐、艺术等；旗下目前运营着20多个品牌，有BEAMS、BEAMS PLUS、BEAMS T、International Gallery BEAMS、BEAMS F、Ray BEAMS、BEAMS BOY、Demi-Luxe BEAMS、BEAMS LIGHTS、fennica、bpr BEAMS、B印YOSHIDA、BEAMS GOLF、B:MING LIFE STORE等。除了在日本全国各地发展业务，BEAMS也将店铺开到了中国香港、台湾、北京、上海，以及泰国曼谷等地。

www.beams.co.jp

Photographers

梶山アマゾン
P018–041, 058–063, 108–113, 180–187, 258–263, 266–273, 328–335, 344–349, 366–373, 382–395, 412–417, 424–429, 440–445

阿部 健
P076–081, 158–163, 196–203, 212–219, 228–235, 274–281, 314–327, 336–343

渡邉一生
P050–057, 092–099, 138–143, 164–169, 252–257, 298–305, 350–355, 374–381, 418–421

上原朋也
P064–069, 100–107, 114–137, 172–179, 358–365

江崎 愛
P002–017, 152–157, 188–195, 404–411

松岡一哲
P244–251, 282–289

熊木 優
P070–075

濱田加奈子
P220–227, 396–403

奥脇孝典
P042–049, 204–211

Datagun Chen
P144–151, 306–313

山内ミキ
P290–297

Benedyct Antifer
Hélène Vinni
Far From The Pictures
P084–091

加藤里紗
P236–243

平野太呂
P430–439

Illustrator

そで山かほ子
P447–468

Writers

安倍真弓
P050–057, 092–099, 138–143, 164–169, 252–257, 298–305, 350–355, 374–381, 418–423

宮内亜弥
P220–227, 396–403

平川さやか
P042–049, 204–211

田中佑典 (LIP)
P144–151, 306–313

山下めぐみ
P290–297

横島朋子
P084–091

長谷川安曇
P236–243

藤井志織
P430–439

落合美晴
P447–468

Editors

藤定修一 (宝島社)
大山ゆかり
大澤佑介
渡部えりな
林 里佐子
吉川海斗
須藤 貢
(RCKT/Rocket ComPany*)

Art Director

峯崎ノリテル ((STUDIO))

Designer

正能幸介 ((STUDIO))

DTP

水谷イタル

BEAMS AT HOME by BEAMS Co.,Ltd.
Copyright © by BEAMS Co.,Ltd..2014
Original Japanese edition published by Takarajimasha, Inc.
Simplified Chinese translation rights arranged with Takarajimasha,Inc.
through East West Culture & Media Co., Ltd., Tokyo Japan
Simplified Chinese translation rights © 2022 by New Star Press Co., Ltd.,Beijing China

图书在版编目（CIP）数据

BEAMS AT HOME 理想之家/日本BEAMS著；郑晓蕾
.――北京：新星出版社，2022.5
ISBN 978-7-5133-4868-3

Ⅰ.①B… Ⅱ.①日… ②郑… Ⅲ.①生活方式－日本－通俗读物 Ⅳ.①D731.383-49

中国版本图书馆CIP数据核字(2022)第048891号

BEAMS AT HOME 理想之家

[日] BEAMS 著　郑晓蕾 译

策划编辑：东　洋
责任编辑：李夷白
责任校对：刘　义
责任印制：李珊珊
装帧设计：@broussaille私制

出版发行：新星出版社
出 版 人：马汝军
社　　址：北京市西城区车公庄大街丙3号楼　100044
网　　址：www.newstarpress.com
电　　话：010-88310888
传　　真：010-65270449
法律顾问：北京市岳成律师事务所

读者服务：010-88310811　service@newstarpress.com
邮购地址：北京市西城区车公庄大街丙3号楼　100044

印　　刷：北京美图印务有限公司
开　　本：790mm×1000mm　1/16
印　　张：30
字　　数：140千字
版　　次：2022年5月第一版　2022年5月第一次印刷
书　　号：ISBN 978-7-5133-4868-3
定　　价：158.00元

版权专有，侵权必究；如有质量问题，请与印刷厂联系调换。